D1701930

DIE KANZLER
Alfred Grosser · Konrad R. Müller

DIE KANZLER

FOTOGRAFIERT
VON KONRAD R. MÜLLER

MIT EINEM ESSAY VON
ALFRED GROSSER

GUSTAV LÜBBE VERLAG

KOMMT ES AUF DEN KANZLER AN?
Seite 7

Souveränität und fremder Wille
Seite 10

Sechs Kanzler
Seite 18

Vom Umgang mit deutscher Geschichte
Seite 31

Selbstdarstellung und öffentliche Meinung
Seite 49

Kanzlerdemokratie? Parteienstaat?
Seite 59

Ein Standort im Westen
Seite 87

Ostpolitik
Seite 97

Wirtschaft, Gesellschaft und Geist
Seite 106

ZU DEN FOTOGRAFIEN
Seite 131

DATEN UND QUELLEN
Seite 135

Zur Dokumentation
Seite 142

Quellen der Zitate
Seite 143

KOMMT ES
AUF DEN KANZLER AN?

Die Bundesrepublik Deutschland wird 40 Jahre alt. Sie ist, laut Grundgesetz, ein demokratischer und sozialer Bundesstaat, in dem alle Staatsgewalt vom Volke ausgeht. Die Bundesregierung besteht aus dem Bundeskanzler und aus den Bundesministern. Der Bundeskanzler bestimmt die Richtlinien der Politik und trägt dafür die Verantwortung. Das sagt die Verfassung.

Während der vier Jahrzehnte hat es sechs Kanzler gegeben, deren Bilder den Hauptteil dieses Buches darstellen. Die meisten der elf Bundestagswahlen standen – direkt oder indirekt – unter dem Motto »Auf den Kanzler kommt es an!«. Gewiß hat das immer bis zu einem gewissen Grad gestimmt. Aber wie weit eigentlich? Und als was? Als Persönlichkeit? Als Träger einer Vergangenheit oder einer Hoffnung? Als Angelpunkt des Verfassungssystems? Als Ausdruck und Verwirklichung einer Politik? Als Repräsentant und Führer einer Partei? Oder nur als Symbol der Machtverhältnisse in der Politik oder in der Gesellschaft, als Ausführender der unabwendbaren Anpassung an äußere Zwänge?

Was der Leser von jedem der sechs weiß, hängt gewiß vom Alter dieses Lesers ab. Die Erwähnung von Konrad Adenauer läßt jedoch zumindest an sein hohes Alter und an die Länge seiner Amtszeit denken. Er war schon alt, als er 1949 gewählt, uralt, als er 14 Jahre später zurücktreten mußte. 14 Jahre: bisher der Rekord. Ist das in der Geschichte eine lange Zeit? Die Antwort fällt schwer, weil die geschichtliche Dauer dehnbar ist. Die ganze ereignisvolle Weimarer Republik wurde nur 14 Jahre alt. Wie oft hat doch Hitler gerade diese 14 Jahre als Feindbild beschworen – ohne zu ahnen, daß sein »Tausendjähriges Reich« lediglich zwölf Jahre dauern würde. Allerdings wurden in dieser Zeit so viele Millionen Menschenleben vernichtet, daß im Rückblick seine Herrschaft beinahe wie eine Ewigkeit wirkt! Was man von den Perioden 1974–1988 oder 1960–1974 gewiß nicht sagen kann! Aber Konrad Adenauer steht ja nicht nur wegen der Länge seiner Kanzlerschaft als großer Mann da, ob man ihn nun in Deutschland als Wiederhersteller deutscher Gleichberechtigung und Mitschöpfer eines freien Westeuropas verehrt oder als bewußten Verhinderer der deutschen Einheit brandmarkt.

Der Name Ludwig Erhard läßt nur wenige Erinnerungen an die drei Jahre seiner Kanzlerschaft aufkommen, denn diese Jahre werden überschattet durch das Bild vom »Vater des Wirtschaftswunders«, oder wenigstens gilt er als Verkörperung dieses Wunders. Verkörperung im eigentlichen Sinn, mit dem runden Leib, dem optimistischen Lächeln und der wie zum Körper gehörenden Zigarre, die beinahe ebenso weltberühmt wurde wie die von Winston Churchill: Nur, dessen Optimismus bedeutete zunächst einmal Schweiß, Blut und Tränen, während Ludwig Erhard gleich den Wohlstand als Lohn des Schweißes ankündigte. Aus der Verwirklichung dieser Ankündigung durfte er schließlich den Ruhm schöpfen, der die wenig glorreiche Kanzlerschaft überlebte.

Während der Name Kurt Georg Kiesinger weitgehend in Vergessenheit geraten ist, obwohl die Jahre 1966–1969 in der Geschichte der Bundesrepublik fast in jeder Hinsicht bedeutungsvoll waren, ist sein Außenminister und Nachfolger Willy Brandt neben Adenauer der populärste Kanzler – wenn auch bei unterschiedlichen Menschen und aus verschiedensten Gründen: wegen der erweckten Hoffnungen und wegen der verwirklichten Ostpolitik, für die er den Friedensnobelpreis erhielt – trotz des unerfreulichen Sturzes von 1974. Vielleicht auch, weil er dann noch 13 Jahre lang eine wichtige politische und symbolische deutsche und internationale Rolle gespielt hat, während Kurt Georg Kiesinger, nach der knappen Wahlniederlage 1969 von der großen politischen Bildfläche verschwand. Er verschwand unter anderem, weil beide großen Parteien vergessen wollten, daß sie unter seiner Leitung gut und effizient zusammengearbeitet hatten.

Willy Brandt ist nicht ganz fünf Jahre, sein Nachfolger Helmut Schmidt ist mehr als acht Jahre im Amt geblieben. Aber nicht deshalb ist Schmidt der einzige nach Adenauer, dem gewissermaßen der Titel Staatsmann zuerkannt wird. Sei es mit Bewunderung – sowohl im Ausland wie auch bei seinen politischen Gegnern; sei es – bei vielen Brandt-Verehrern, auch in den Reihen der eigenen Partei – mit dem Beigeschmack der Verunglimpfung der Staatsmacht und deren wirklicher oder vermeintlicher Kälte. Terrorismuskrise, NATO-Doppelbeschluß, Gipfeltreffen der Großen der westlichen Welt: Die Bilder, die die Kanzlerzeit von Helmut Schmidt auftauchen läßt, werden bei Bewunderern und Kritikern doch ungefähr dieselben sein; gemeinsam auch die Ansicht, daß ohne ihn seine Partei die Beteiligung an der Macht schon viel früher als 1982 verloren hätte, wohingegen Helmut Kohl von allen zu Recht oder zu Unrecht so dargestellt wird, als sei er mehr von der Partei getragen als diese von ihm – vielleicht, weil er sich mehr mit der Partei identifiziert als die anderen CDU-Kanzler. Adenauer war bereits Kanzler, als die CDU als »Bundes-minus-Bayern-Partei« entstand. Erhard ist erst im Jahre seiner Kanzlerschaft in die CDU eingetreten, und Kiesinger hat nie – auch als Vorsitzender – den Parteiapparat so beherrscht, wie es

Helmut Kohl vermag. Auch weiß man bei einem noch regierenden Kanzler nicht, als was er – und sei es nur wenige Jahre später – im Gedächtnis bleiben wird. Honecker-Besuch, Skandale, Entstehen einer echten Europäischen Gemeinschaft: Welche Erinnerungen werden zu welcher Zeit überwiegen?

Das Wort Partei ist aufgetaucht neben dem Wort Kanzler. Überraschend ist dies nicht, wird doch die Bundesrepublik oft als Kanzlerdemokratie oder als Parteienstaat bezeichnet. Die Frage wird anzusprechen sein, inwiefern die Partei an der Machtausübung des Kanzlers beteiligt ist; oder vielmehr die Parteien: Es hat zwar vier CDU- und zwei SPD-Kanzler gegeben, aber die CDU hat nur 26 Jahre an der Regierung teilgenommen und die SPD nur 16. Die FDP dagegen, die nur zwei verhältnismäßig machtlose Bundespräsidenten und keinen einzigen Kanzler stellte, hat 32 Jahre lang wichtige Ministerposten innegehabt. Allein Hans-Dietrich Genscher steht seit 1974 schon 14 Jahre an der Spitze des Auswärtigen Amts.

SOUVERÄNITÄT UND FREMDER WILLE

Was aber ist, wenn weder die Kanzler noch die Parteien Wesentliches bewirken? Sie gestalten gewiß nicht alleine die Gesellschaft, die Wirtschaft, die geistige Entwicklung ihres Landes und ihrer Zeit. Inwieweit üben die Kanzler als Regierungschefs einen wichtigen oder sogar einen entscheidenden Einfluß auf Geschehnisse und Veränderungen in einer freiheitlichen Demokratie aus?

In einer Diktatur ist die Frage leichter zu beantworten. Gewiß hätte Hitler ohne den auferlegten Friedensvertrag von Versailles und ohne die wirtschaftliche und soziale Krise die totalitäre Macht nie erreicht. Aber der Krieg mit seinen Abermillionen Opfern, insbesondere in Polen und in der Sowjetunion, sowie Auschwitz als Ort und Symbol der versuchten und weitgehend durchgeführten Ausmerzung der Juden, sie haben als unmittelbare Ursache den Rassenwahn und den Rassenhaß des Führers gehabt. Die sowjetischen Toten wären weniger zahlreich gewesen, weil es eine schwächere deutsche Invasion und weniger deutsche Siege gegeben hätte, wenn nicht Stalin aus krankhaft-mörderischem Mißtrauen 1937/38 Tausende seiner Generäle und Offiziere hätte hinrichten lassen und wenn er nicht auf Hitlers Wort vertraut und deshalb an den deutschen Angriff nicht geglaubt hätte.

Aber sogar bei Diktatoren ist es nicht immer einfach festzustellen, wann sie sich Sachzwängen unterwerfen, wann sie ihr Land durch Vernachlässigung dieser Zwänge Katastrophen entgegenführen und wann sie durch willkürliche Entscheidungen beweisen, daß ein Zwang kein Zwang war: Als Hitler 1936 die schwachen deutschen Einheiten ins Rheinland einmarschieren ließ, verhöhnte er den Zwang, den die starke französische Armee auf die deutschen Regierungen auszuüben schien. Bei den Kanzlern der Bundesrepublik ist diese Frage nach den Sachzwängen aber erheblich schwerer zu klären.

Ein guter Teil der heutigen Diskussion in der Bundesrepublik um Adenauers Schuld an der Teilung Deutschlands, an dem Verschwinden jeglicher Wiedervereinigungsmöglichkeit in weiter Zukunft ist widersinnig, weil Adenauers Kritiker seine Entscheidungsfreiheit enorm überschätzen. Als die Bundesrepublik 1949 entstanden ist, das heißt als Adenauer gleichzeitig Kanzler wurde, war die Spaltung schon vollzogen. Das war sie zwar nicht seit Jalta, wie es die Legende will, sondern seit dem Ausbruch des Kalten Krieges, den man wenigstens auf die symbolische Grundsatzerklärung des Anfang Oktober 1947 gegründeten Kominform datieren kann. Die Entstehung der beiden deutschen Staaten war nicht Ursache, sondern Konsequenz, und der Kanzler hat sich diesem äußeren Zwang unterworfen. Aber hat er es nicht etwa willig getan? Hat er die Teilung nicht auch als etwas Positives betrachtet und deshalb Entscheidungen getroffen, die die Konsequenzen des Zwangs noch vertieften? So zum Beispiel das verheimlichte Angebot an die USA, die junge Bundesrepublik, die Teil des entmilitarisierten Deutschlands war, zur Wiederbewaffnung zu führen?

Willy Brandts Ostpolitik ist als große Friedensleistung 1971 mit dem Nobelpreis belohnt worden. Aber sie hat nur entstehen können, weil es einen neuen Zwang gab und weil zwei vorherige Zwänge weitgehend ausgelöscht worden waren. Der Berliner Mauerbau vom 13. August 1961 hatte bald auf beiden Seiten eine erzwungene Resignation gezeitigt. Die Entspannungspolitik, die nach der gut ausgegangenen Kuba-Krise vom Oktober 1962 eingesetzt und die bereits de Gaulles Öffnung nach Moskau 1966 ermöglicht hatte, schuf die Möglichkeit einer Veränderung der bundesdeutschen Ostpolitik. Und erst die völlige Eingliederung der Ostvertriebenen – vor allem die ihrer Kinder – in die westdeutsche Gesellschaft ermöglichte es, dem Zwang zu entgehen, in der Frage der polnischen Westgrenze unnachgiebig zu bleiben.

Ludwig Erhards Ruhm ist mit dem Aufschwung nach der Währungsreform vom 20. Juni 1948 entstanden. Aber diese ist von der Besatzungsmacht zu einer Zeit durchgeführt worden, wo man sich in allen Ländern Westeuropas recht freudig von der Zwangswirtschaft entfernte und die Grundsätze des harten Sozialismus verriet und verließ. Erhard ist allerdings 1948 auf dem neuen Weg viel weiter gegangen, als es die Besatzer wollten, und hat ihnen 1950 widerstanden, als sie während der Korea-Krise den Liberalismus begrenzen wollten. Helmut Schmidt hätte, auch wenn er es gewollt hätte, an dem NATO-Doppelbeschluß nicht rütteln können, nachdem die Sowjetunion in Afghanistan einmarschiert war und dann die Verhärtung in Polen unterstützt hatte. Aber hat er es nicht gezielt erreicht, die neuen Beziehungen zur DDR gewissermaßen aus diesem Zwang auszuklammern? Zur gleichen Zeit war die drastische Verschlechterung der Haushaltslage der Bundesrepublik weitgehend die Konsequenz der Nahost- und Ölkrise, die im Herbst 1973 allen an Öl armen Ländern den Zwang der fantastischen Preiserhöhung – 1979 noch mehr als 1973 – auferlegte. Aber hat nicht 1982 die FDP gegen den Bundeskanzler recht gehabt, wenn sie behauptete, es gäbe genug Spielraum, um eine andere, das Defizit reduzierende Haushaltspolitik zu betreiben? Wäre diese jedoch nicht für einen Kanzler verhängnisvoll gewesen, der unter dem Zwang stand, die SPD-Wählerschaft nicht allzu hart vor den Kopf zu stoßen?

Um die Kanzler zu beurteilen, um ihre Politik zu bewerten, müßte man also wissen, welche Entscheidungsfreiheit, welchen Spielraum sie hatten. Man weiß es aber, selbst im historischen Rückblick, nie ganz vollständig – was teilweise erklärt, warum selbst nüchterne, wohlwollende Urteile sehr unterschiedlich ausfallen können. Dabei spielt auch die Vorstellung eine Rolle, die der Beurteilende von einem großen Staatsmann hat. Nicht vom Staatsmann an der Spitze einer Weltmacht, der weniger Zwängen ausgesetzt ist als andere, sondern vom Staatsmann, der an der Spitze der Regierung eines von fremdem Willen und äußeren Entwicklungen abhängigeren Landes steht – so wie die Bundesrepublik oder auch Frankreich, dessen größter Staatsmann nach 1945 nicht eindeutig de Gaulle gewesen ist. Vielleicht war es Robert Schuman. Er stand unter dem Zwang, die französische Deutschlandpolitik des Mißtrauens und des Beherrschens aufzugeben. Anstatt weiterhin murrend und nörgelnd Schritt für Schritt zurückzuweichen, wie es bis 1950 geschehen war, oder hochtrabend den Zwang zu verneinen, um dann eine Hundertachtzig-Grad-Wendung durchzuführen, wie es de Gaulle mit Algerien später tun sollte, hat Schuman am 9. Mai 1950 durch den Vorschlag der europäischen Montanunion den Zwang zugleich in Kauf genommen und in eine

Deutschland gehört zum Westen, nach seiner
Überlieferung und Überzeugung. Das ganze Deutschland gehört zum Westen.
In dieser Partnerschaft allein liegt unsere Zukunft.
KONRAD ADENAUER

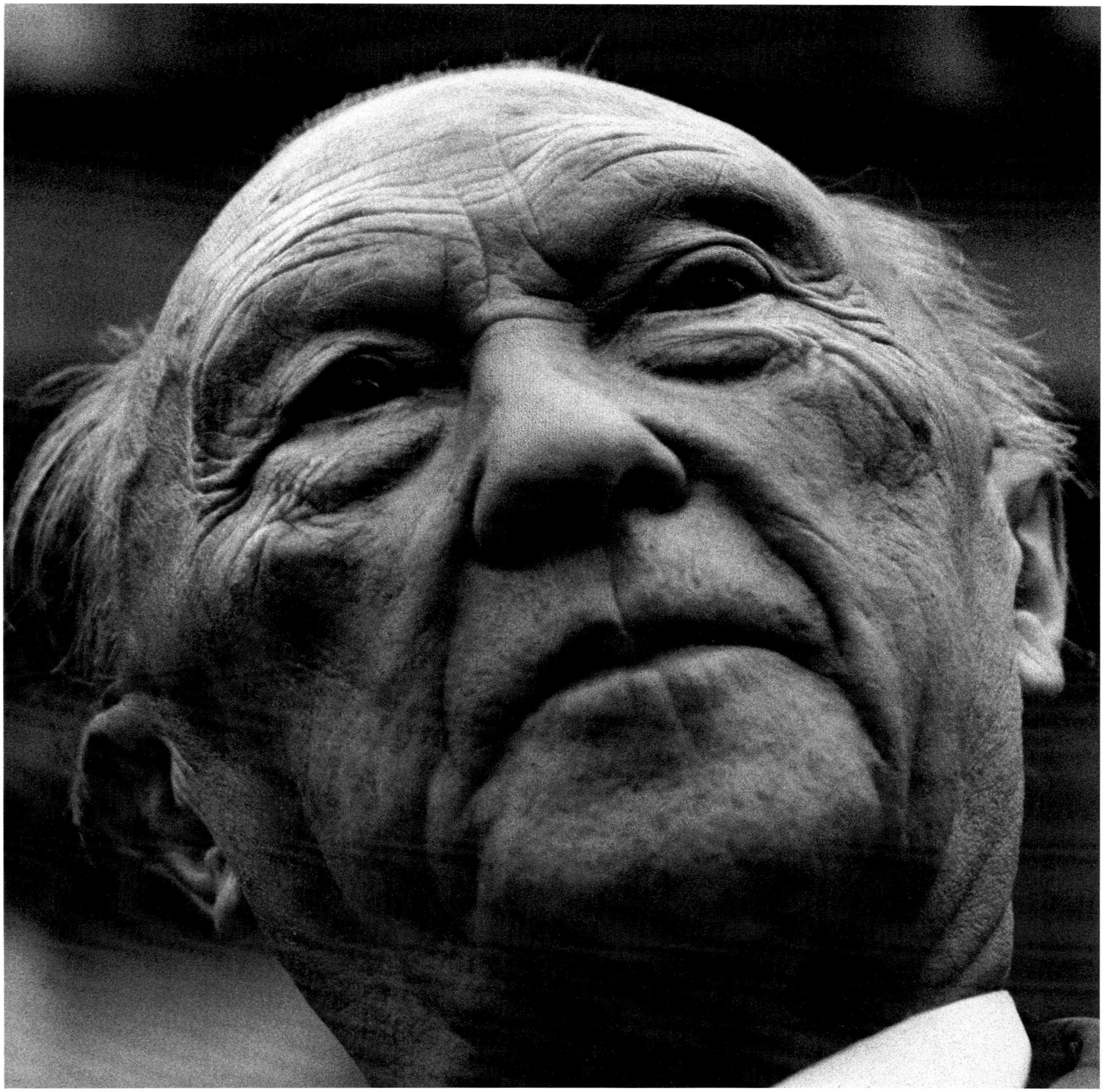

schöpferische Politik umgewandelt, was als Inbegriff staatsmännischer Leistung gelten darf.

Solche klaren, beinahe radikalen Einschnitte sind in der Politik recht selten. Noch mehr, wenn es sich um die Wechselwirkung zwischen Politik einerseits, Wirtschaft und Gesellschaft andererseits handelt. Sicher ist, daß zwei entgegengesetzte Denkschulen zurückgewiesen werden müssen: Es trifft nicht zu, daß die Regierung lediglich gesellschaftliche Strukturen und Kräfte zum Ausdruck bringt, als sei sie selbst willen- und machtlos. Wenn dem so wäre, würde es sich gewiß nicht lohnen, das Sein und Wirken der Kanzler darzustellen! Es trifft aber auch nicht zu, daß sie die Macht haben, Einschnitte und Umschwünge in der wirtschaftlichen und gesellschaftlichen Entwicklung allein dank ihres politischen Willens zu bewirken. Konrad Adenauer als Vater des demokratischen Geistes in der Bundesrepublik oder als Schöpfer einer geistig-gesellschaftlichen konservativen Restauration: Das sind Vorstellungen, die den Spielraum der politischen Macht enorm überschätzen. Manchmal kommt es gleichzeitig zur Selbstüberschätzung des Kanzlers: Helmut Kohl glaubte, eine geistige Wende ankündigen zu dürfen, was dann seinen Gegnern erlaubte, so zu sprechen, als sei eine solche Wende tatsächlich vollzogen worden, wo doch in Wirklichkeit gewisse Entwicklungen nur etwas beschleunigt oder verschärft wurden, aber andere, wenn auch manchmal verkündet und bekämpft, gar nicht stattgefunden haben.

Auch weiß man oft gar nicht, welche Ereignisse welche Folgen gehabt haben. Es heißt oft, die Große Koalition habe die Studentenunruhen und das Wirken der Außerparlamentarischen Opposition verursacht. Teilweise stimmt es, aber doch nur teilweise: Denn die Studentenbewegung hat es zur gleichen Zeit in Holland und in Frankreich gegeben, sogar in der Schweiz, vor allem in den USA, wobei in keinem dieser Länder eine große Koalition regierte (außer in der Schweiz, wo es ständig eine Allparteienregierung gibt). Der Vietnamkrieg muß zur Erklärung mindestens ebensosehr herangezogen werden wie die Regierung Kiesinger.

Einfach und eindeutig sind noch nicht einmal die politischen Auswirkungen wirtschaftlicher oder gesellschaftlicher Macht. Die Abhängigkeit der Kanzler, insbesondere der CDU-Kanzler, von den Industrieverbänden ist unbestreitbar, aber das Gesetz über die Mitbestimmung im Jahr 1951 und das von Adenauer unterstützte, von Erhard durchgesetzte Kartellgesetz sind gegen den Willen der Unternehmer zustande gekommen, so wie Robert Schuman die Montanunion den Herrschern der französischen Stahlindustrie auferlegt hatte, im

Demokratie kann man nicht allein mit noch so ausgeklügelten Gesetzen verwirklichen, sicher, sie sind mit ihre Voraussetzungen, vor allem aber ist Demokratie eine Frage des Verhaltens der Menschen, ihres persönlichen Verhaltens zueinander und ihres Verhältnisses zum Staat. Staatsoberhaupt, Parlament und Regierung, damit allein ist es nicht getan. Demokratie muß gelebt werden.
KONRAD ADENAUER

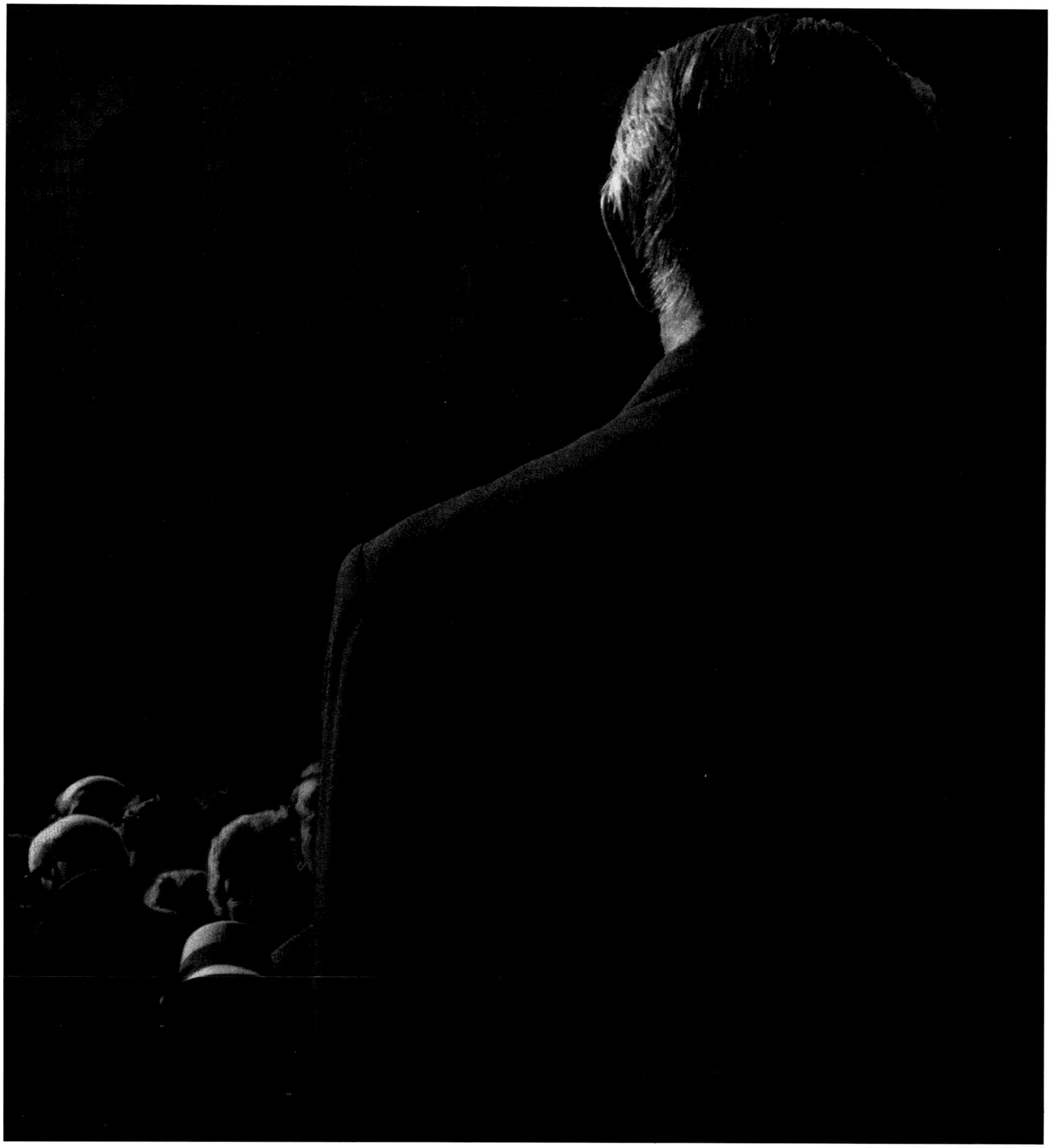

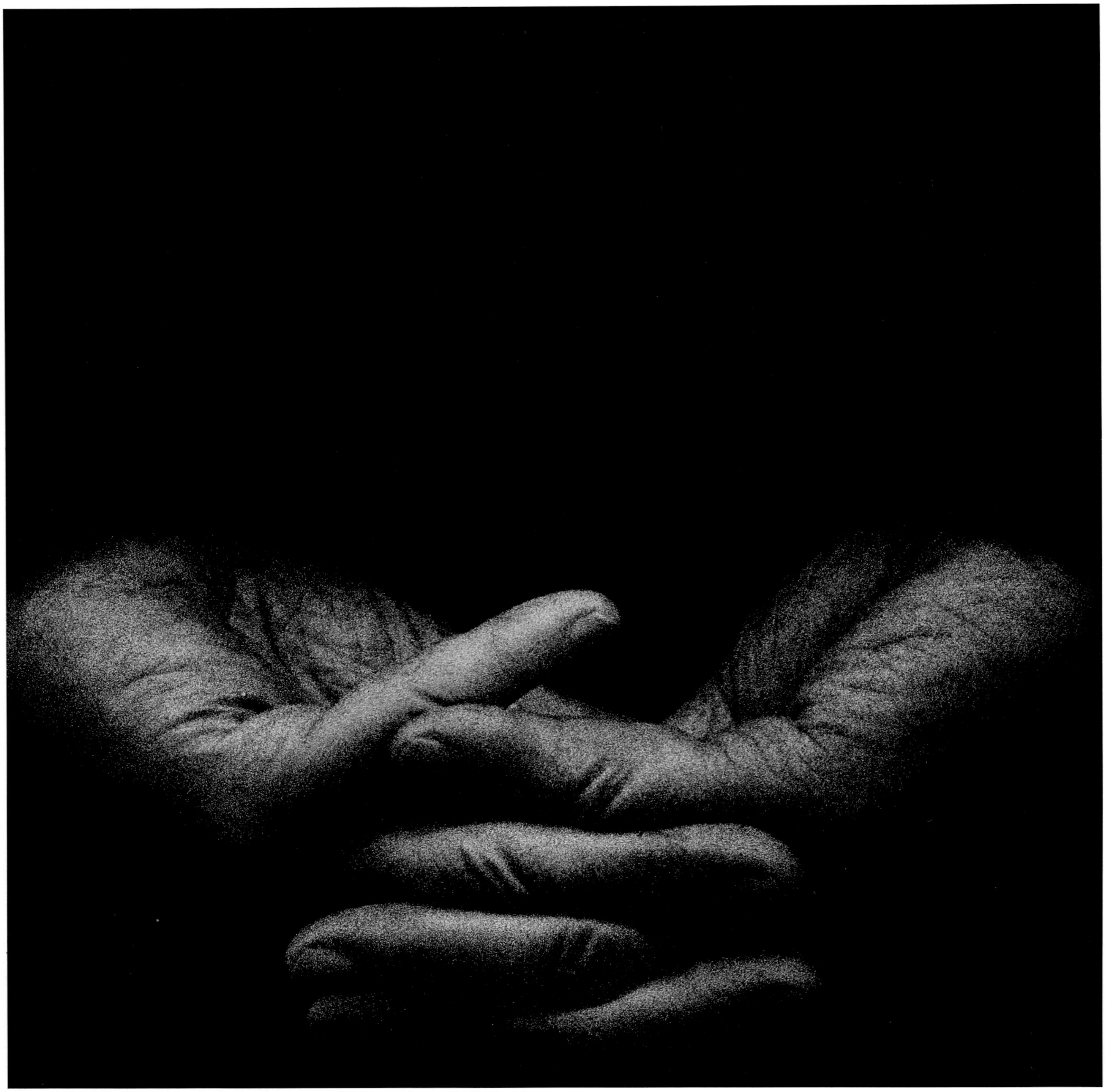

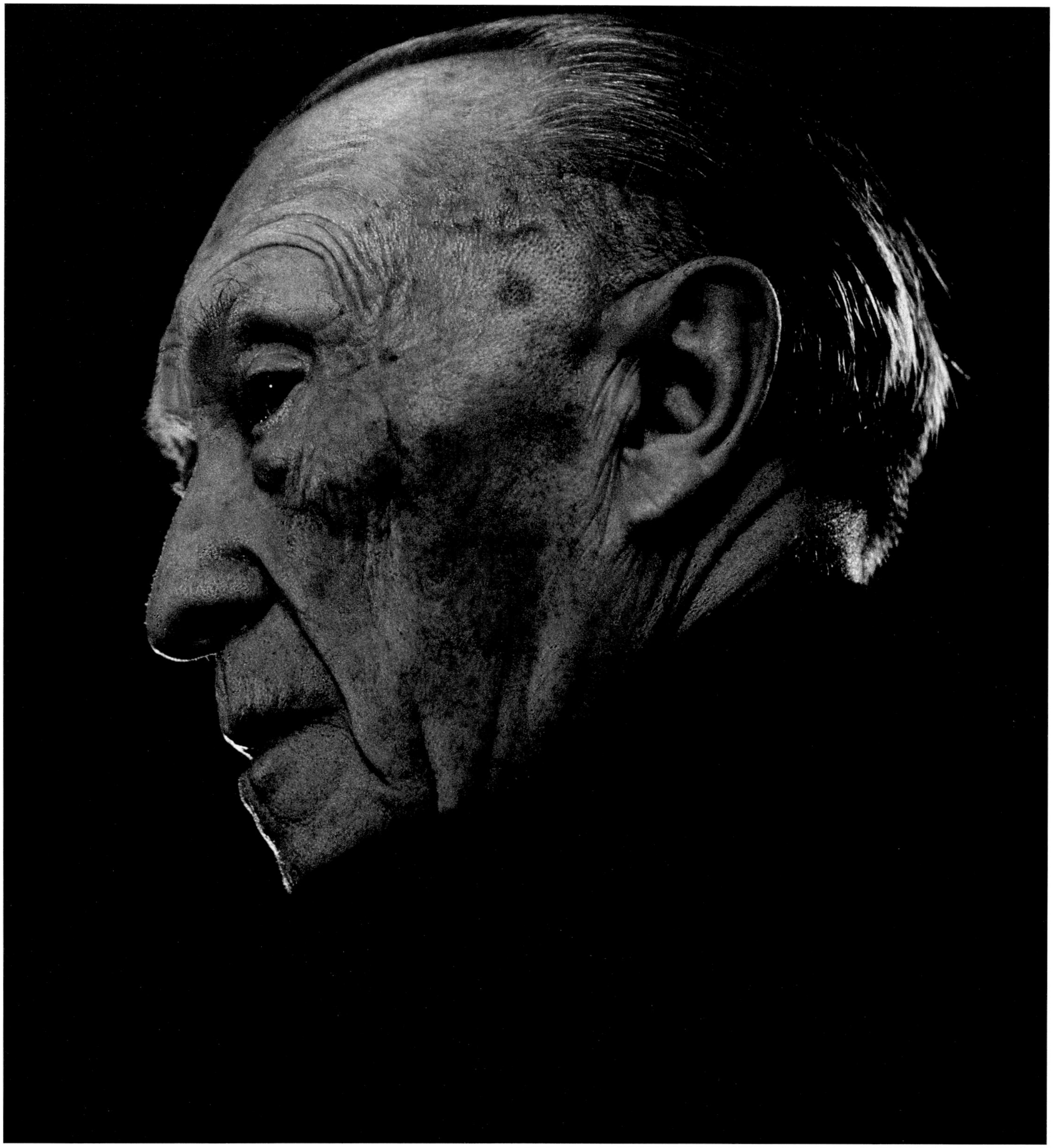

vollen Widerspruch zu jeglicher neo-marxistischer Auffassung der Machtverhältnisse.

Um die Politik zu verstehen, um die Menschen zu verstehen, um die Kanzler zu verstehen, muß man zunächst einmal einsehen, daß die Wechselwirkungen zwischen Politik und Wirtschaft, Politik und Gesellschaft, Politik und geistiger Entwicklung, zwischen Regierungswillen und Institutionen veränderlich sind. Politik und Politiker zu erklären – dabei geht es nicht anders als bei irgendwelchen Erklärungsversuchen von menschlichen Phänomenen: Wenn man die Wortpaare »immer/nie« und »alle/keiner« benutzt, so treibt man Dogmatik; Vernunft waltet erst, wenn man begriffen hat, daß die Paare »manchmal so/manchmal anders« und »die einen ja/die anderen nein« Wirklichkeitsnähe schaffen.

SECHS KANZLER

Das Entscheidende an Staatsmännern ist, daß sie Millionen von Einzelschicksalen – ihrer Landsleute und anderer Menschen – mitbestimmen. Eine Binsenwahrheit? Gewiß, aber wenn man sieht, wie sich manche Bücher und viele Medien mit Geschichtchen befassen, die wirklich nur am Rande der Geschichte stehen, so muß man selber ständig auf der Hut bleiben, daß man das Anekdotische nur in Betracht zieht, wenn es bedeutungsvoll ist, und von der Privatsphäre des Politikers nur das ans Licht zieht, was hilft, sein politisches Wirken zu verstehen. Die Einzelschicksale der Kanzler weisen auf Wesentliches hin, und sei es nur als Teilerklärung des Weltbildes, das sie als Kanzler im Kopf hatten und das wie ein gläsernes Prisma alle Informationen, die auf sie zukamen, zugleich auffing und entstellte. Und da sie deutsche Kanzler waren, die nach 1945 regiert haben, so ist es unvermeidbar, ihre persönliche Vergangenheit – wie sie war und wie sie anderen erschien – als Teil der so oft und so intensiv angesprochenen deutschen Vergangenheitsbewältigung zu betrachten.

Die Tabelle auf der rechten Seite zeigt auf den ersten Blick, daß Konrad Adenauer einen Sonderfall darstellt, da er ja das Ruhestandsalter von 65 acht Jahre, bevor er sein vierzehnjähriges Kanzleramt antrat, erreicht hatte! Die ersten 41 Jahre seines Lebens hat er im Kaiserreich, im Wilhelminischen Zeitalter verbracht. Ludwig Erhard gehörte einer anderen Generation an. Und doch hatte er, im Vergleich zu den vier anderen Bundeskanzlern, etwas Wichtiges mit Adenauer gemein: Er hatte die Zeit des Ersten Weltkriegs miterlebt. Obwohl Erhard mit drei Jahren an spinaler Kinderlähmung erkrankt war und eine

| | ADENAUER | ERHARD | KIESINGER | BRANDT | SCHMIDT | KOHL |
| | * 5.1.1876 | * 4.2.1897 | * 6.4.1904 | * 18.12.1913 | * 23.12.1918 | * 3.4.1930 |
	† 19.4.1967	† 5.5.1977	† 10.3.1988			
1900	24	3				
1914	38	17	10			
1918	42	21	14	5		
1929	53	32	25	16	11	
1933	57	36	29	20	15	3
1945	69	48	41	32	27	15
1949	73	52	45	36	31	19
1963	87	66	59	50	45	33
1966	90	69	62	53	48	36
1969		72	65	56	51	39
1974		77	70	61	56	44
1982			78	69	64	52
1988				75	70	58

Gehbehinderung beibehielt, die ihn sein Leben lang zwang, orthopädische Schuhe zu tragen, wurde er 1916 – mit 19 Jahren – in ein Artillerieregiment eingezogen, starb beinahe an der rumänischen Front an Flecktyphus und wurde kurz vor Kriegsende bei Ypern in Belgien von mehreren Granatsplittern verwundet; erst nach mehreren Operationen konnte er wieder die linke Schulter und den Arm bewegen. Konrad Adenauer war 1898 wegen »einem chronischen Bronchialcatarrh« vom Militärdienst verschont geblieben. Er war während des Krieges mit dem immer schwierigeren Alltag seiner Kölner Mitbürger befaßt, ab 18. September 1917 als Oberbürgermeister. In das Amt wurde er gewählt, als er noch unter dem Schock eines im März erlittenen Verkehrsunfalls stand, bei dem ihm Nase und Oberkiefer zerschlagen wurden, was ihm nicht nur auf Dauer Sehschwierigkeiten bereitete, sondern sein Gesicht in das umgestaltete, was später als Antlitz eines Mongolen oder eines Indianerhäuptlings verspottet oder bewundert werden sollte.

Kiesinger, Brandt und Schmidt gehören zur Nachkriegsgeneration des Ersten Weltkriegs, so wie Helmut Kohl zu der des Zweiten. Die historischen Zugehörigkeiten liegen jedoch etwas anders, als es die Geburtsdaten nahezulegen scheinen. Willy Brandt nimmt bereits 1930 am politischen Geschehen teil, und zwar als SPD-Mitglied und zeitweise schon als stellvertretender Bezirksvorsitzender für Lübeck/Mecklenburg der Sozialistischen Arbeiterjugend. Der Zweite Weltkrieg bedeutete für ihn zunächst einmal eine Verlängerung des 1933 begonnenen Draußen-Seins, allerdings bald mit einer zweiten Flucht vor der nationalsozialistischen Macht, diesmal von Norwegen nach Schweden. Kurt Georg Kiesinger ist im Alter von 29 Jahren 1933 der NSDAP beigetreten und wurde zum Kriegsdienst ins Auswärtige Amt geschickt, in den Verbindungsstab zum Propagandaministerium. Helmut Schmidt gehört einer besonderen deutschen Generation an, die sozusagen eine lange Ausklammerung erlitten hat: Mit 18 wird man zum Arbeitsdienst verpflichtet, dann geht es zur Wehrmacht und in den Krieg. Am Schluß gerät man in Gefangenschaft – wobei Schmidt noch das relative Glück hatte, bereits im August 1945 entlassen zu werden: Andere sind bis zu Beginn der fünfziger Jahre in russischer Gefangenschaft geblieben und haben somit bis zu 15 Jahre ihrer Jugend außerhalb des normalen gesellschaftlichen Lebens verbracht. Es ist wichtig zu wissen, daß der zukünftige Verteidigungsminister Schmidt Unteroffizier, dann Offizier geworden ist, daß er einer Panzer-Division angehörte, die 1941 in Rußland einmarschiert ist, und daß er am Schluß eine Flak-Batterie an der Westfront befehligte. Und es ist nicht weniger wichtig festzustellen, daß er sein Studium erst 1946 beginnen konnte, als er bereits fast 28 war. In diesem Alter wurde er Mitbegründer der Jusos, der Jungsozialisten, das heißt 17 Jahre nach dem Eintritt des fünf Jahre älteren Willy Brandt in die Sozialistische Arbeiterjugend und nur ein Jahr vor der Gründung der Jungen Union Rheinland-Pfalz durch den zwölf Jahre jüngeren Helmut Kohl: Der Vergleich deutscher Einzelschicksale muß mit Vorsicht gehandhabt werden!

Auch liegt die Frage nahe, inwiefern dieses Deutschland, in dem, von dem, für das sie lebten oder leben, ihnen zugleich Vaterland und Heimat gewesen ist, denn Geschichte und Kultur haben lange Zeit unter den Deutschen mehr Unterschiede geschaffen als in vielen anderen Staaten. Es trifft sich, daß keiner der sechs Bundeskanzler in seiner Beheimatung von der deutschen Nachkriegsteilung betroffen wurde. Um nur die beiden Vorgänger Willy Brandts an der Spitze der SPD als Gegenbeispiele zu erwähnen: Kurt Schumacher stammte aus Kulm südlich Danzig, aus einer Gegend, die heute zu Polen gehört; Erich Ollenhauer war in Magdeburg geboren, heute eine DDR-Stadt. Der Zufall (ist es nur ein Zufall?) wollte es, daß die beiden sozialdemokratischen Kanzler das Licht der Welt im Norden erblickt haben, die vier christdemokratischen im Westen oder im Süden. Willy Brandt ist als Herbert Frahm in Lübeck herangewachsen, und die dortigen Sozialdemokraten hätten ihn, zu der Zeit, als er sich für Berlin entschied, gerne in seine Heimatstadt zurückgerufen. Von der Geburt in Hamburg-Barmbek bis zum Herausgeberbüro bei der Zeitung »Die Zeit« ist Helmut Schmidt ein Hamburger geblieben, was manchmal zu Spannungen geführt hat zwischen der Hamburger und der Bonner Zugehörigkeit, und sei es nur, weil die deutschen Gesetze und Sitten auf politischem Gebiet anders sind als die französischen.

In Frankreich darf man unter anderem Oberbürgermeister bleiben, wenn man Minister oder sogar Regierungschef wird. 1988 ist Michel Rocard Bürgermeister von Conflans-Sainte-Honorine geblieben, wie vor ihm Jacques Chirac Oberbürgermeister von Paris und Pierre Mauroy Oberbürgermeister von Lille; einer der wichtigsten Staatsmänner der III. und IV. Republik, Edouard Herriot, hatte den sozusagen ständigen Beinamen »maire-de-Lyon«. Wäre Konrad Adenauer in den zwanziger Jahren Reichskanzler geworden, so hätte er das Kölner Rathaus verlassen müssen. Außerhalb der Institutionen darf man allerdings in Deutschland auf Reichs- oder Bundesebene Funktionen ausüben, besonders im Vorstand

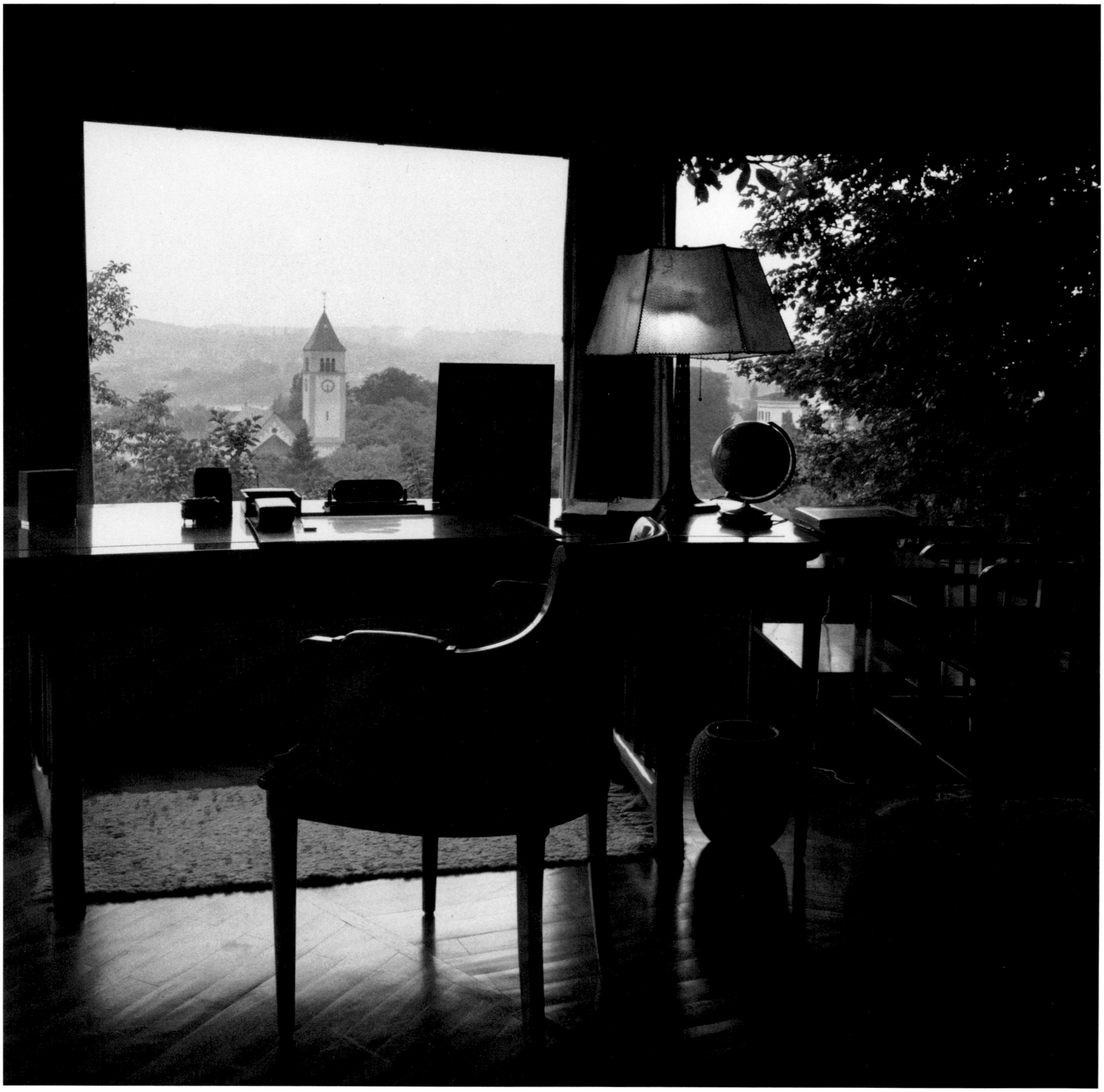

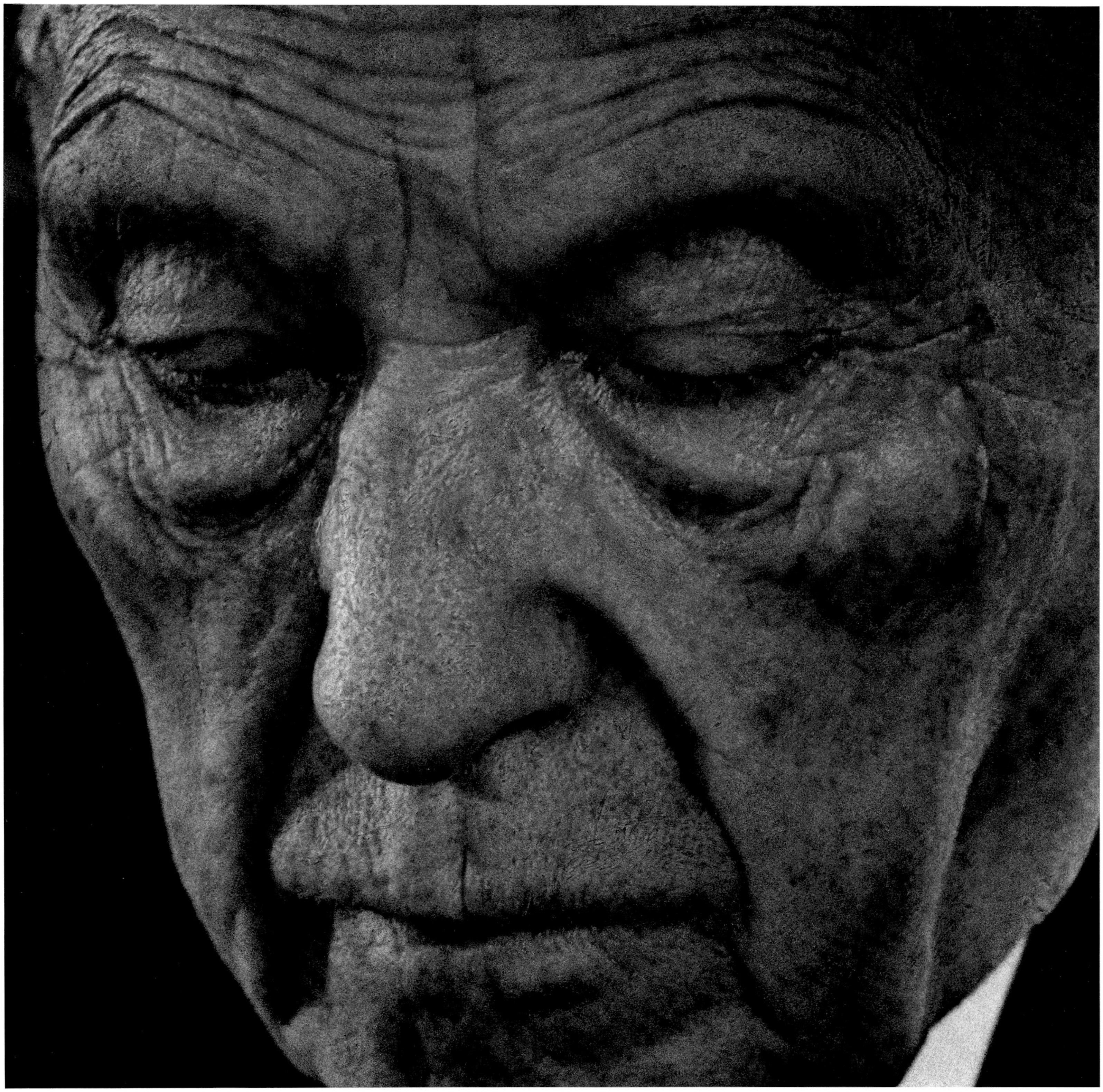

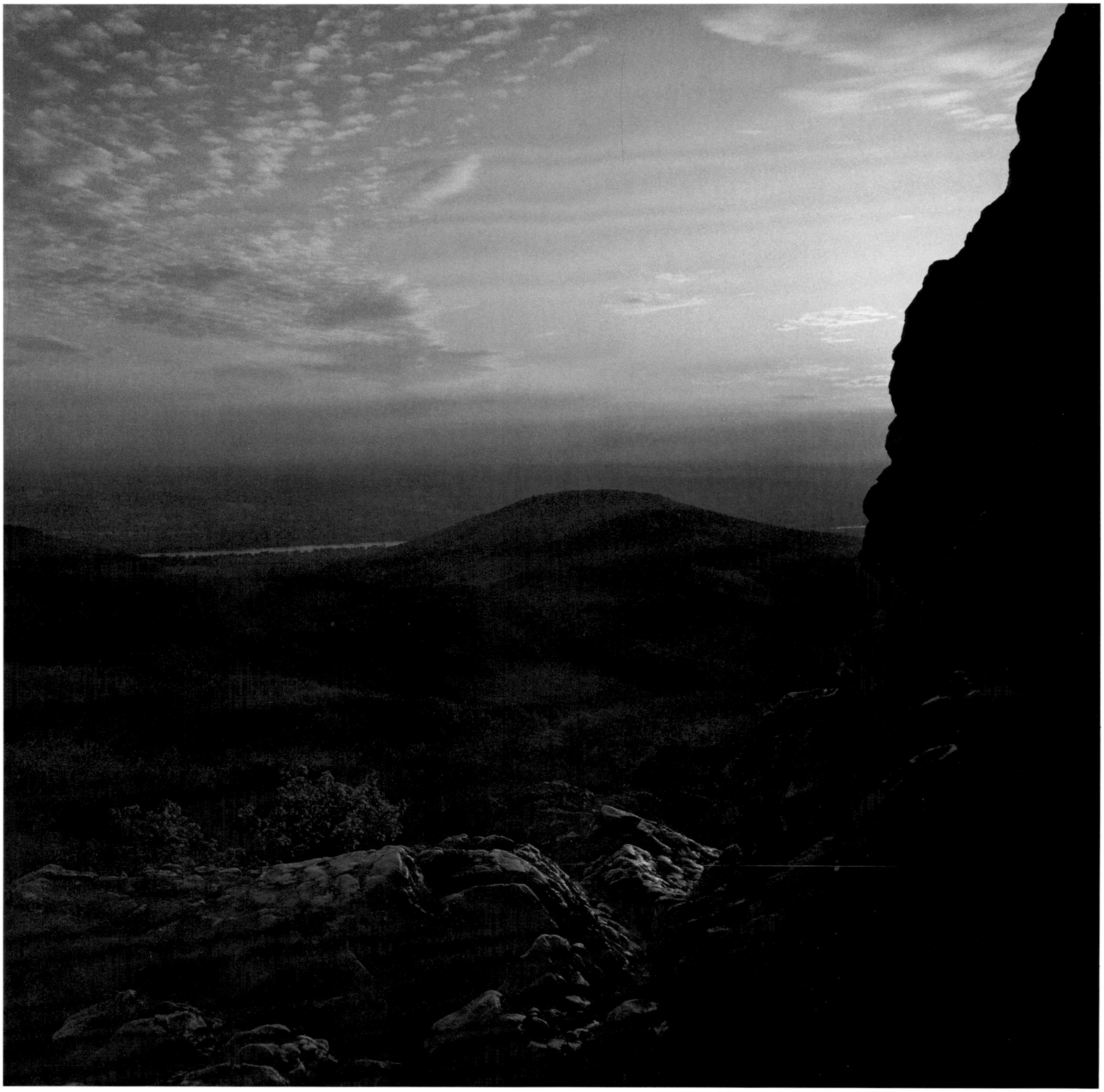

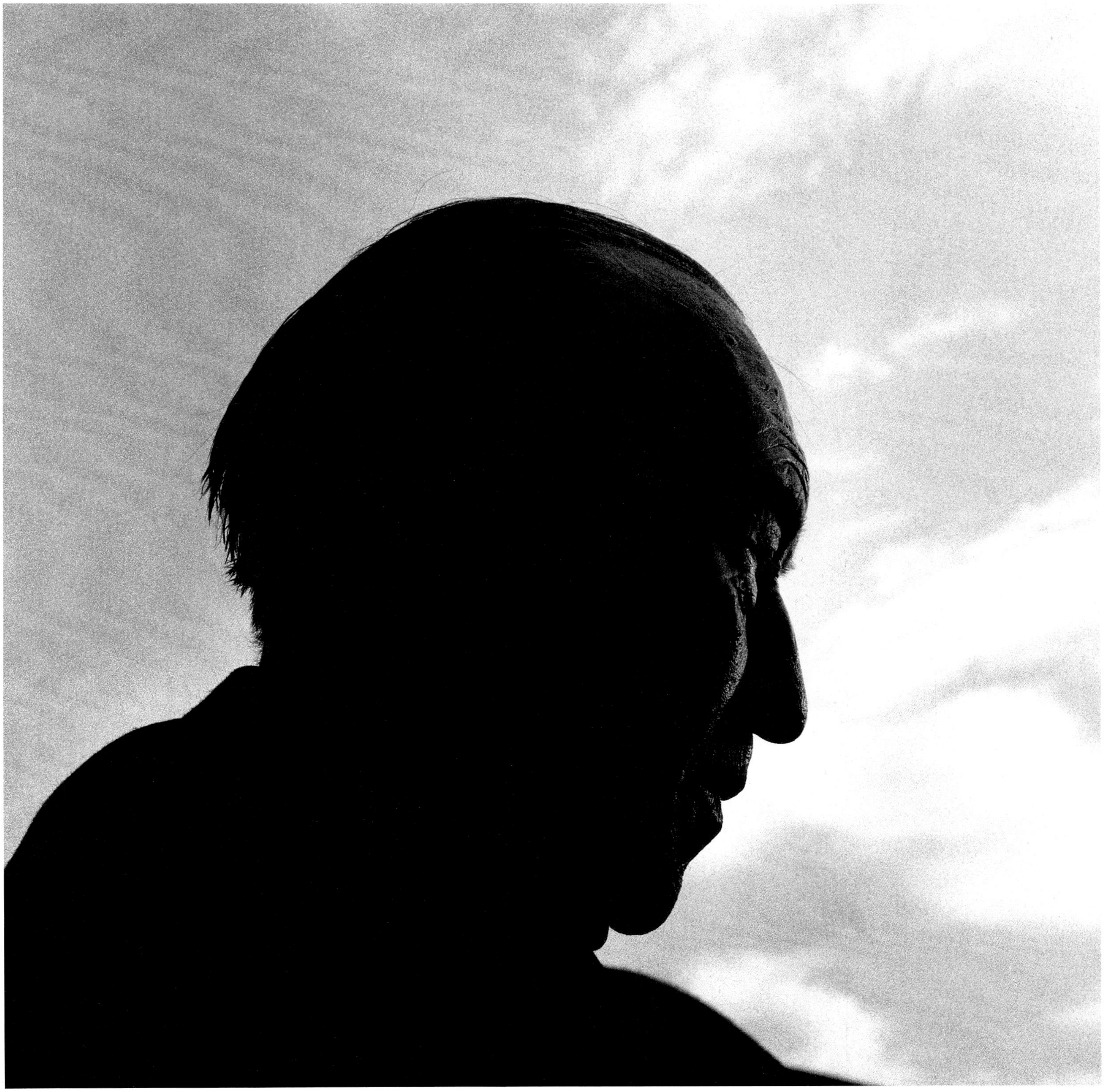

von Parteien. Allerdings wird es als unrichtig empfunden, wenn ein Parteivorsitzender auf Dauer nicht in Bonn sitzt; deshalb mußte Helmut Kohl Rheinland-Pfalz verlassen, um in den Bundestag einzuziehen. Mainz ist aber nicht Ludwigshafen: Kohl ist und bleibt Pfälzer, beinahe so sehr wie Kurt Georg Kiesinger Schwabe war, während der Fürther Ludwig Erhard, vielleicht eben weil er Franke war, im bayerischen Wesen keine besondere Lebensquelle fand und von vielen Bayern kaum als ihnen zugehörig betrachtet wurde.

Adenauer war Kölner, das heißt Rheinländer. Das klingt ganz anders als Pfälzer oder Schwabe, denn es hatte nach dem Ersten Weltkrieg und auch noch nach dem Zweiten einen stark politischen Beigeschmack. Als Landesvater hat Kiesinger nie die Versuchung haben können, Baden-Württemberg von der Bundesrepublik abzusondern. Er hat sogar während seiner Amtszeit als Ministerpräsident 1958–1966 alles getan, um die Wunden zu heilen, die die Gründung des Südweststaates im katholischen Baden hinterlassen hatte. Und als Helmut Kohl 1969 Ministerpräsident wurde, war keine Rede mehr von einer Aufteilung des Landes Rheinland-Pfalz zwischen Hessen und Bayern, noch weniger von einer Machtausübung Frankeichs über das linke Rheinufer. Hat aber nicht der Kölner Oberbürgermeister und Zentrums-Politiker Adenauer in den zwanziger Jahren Los-vom-Reich-Gedanken für das Rheinland gepflegt? Oder wollte er nur einerseits die französischen Machtgelüste listig unterlaufen und andererseits die Eigenständigkeit des Rheinlands Preußen gegenüber vorbereiten, das seit einem Jahrhundert die Rheinprovinzen eher beherrscht als preußisch beheimatet hatte? Auch vier Jahrzehnte nach dem Entstehen der Bundesrepublik bleibt die Rheinpolitik Adenauers nach 1918 und auch nach 1945 ein politisches und wissenschaftliches Streitthema.

Unumstritten ist eine Tatsache, die allerdings, weil wenig verglichen wird, kaum Erwähnung findet: Keiner der sechs Kanzler ist in die gesellschaftliche, wirtschaftliche, politische Macht hineingeboren worden. Die Meldung der Geburt des Sohnes Conrad Hermann Josef meldete beim Standesamt »der Appellationsgerichts Secretair und Lieutenant außer Dienst Johann Conrad Adenauer«, der nach 17 Jahren beim Militär als Soldat und Unteroffizier eine Karriere als mittlerer Beamter in der Justizverwaltung begann. Seine Frau war Tochter eines Bankbeamten. Helmut Kohls Vater war Finanzbeamter. Philipp Wilhelm Erhard, Sohn eines Kleinbauern, war Lehrling, Gehilfe, Handelsvertreter im Textileinzelhandel gewesen, bevor er sich als selbständiger Kaufmann niederließ. Helmut Schmidts Großvater war Hafenarbeiter gewesen. Sein Vater war Lehrer und ist Studiendirektor geworden. Keiner der vier hat allerdings in seiner Kindheit Hunger und Armut gekannt, während das Wort Hunger in Kiesingers Jugenderinnerungen zwar ohne Pathos, jedoch eindringlich vorhanden ist. Nicht weil der Vater, die sehr jung gestorbene Mutter oder die zweite Frau des Vaters aus ärmlichen Familien gestammt hätten, sondern weil Krieg und Nachkriegszeit ihnen Mittellosigkeit gebracht hatten (eine Beschreibung solchen Elends nach der Niederlage 1918 findet man auch unter der Feder des damaligen Kölner Oberbürgermeisters). Am katholischen Lehrerseminar von Rottweil hungerte damals der mit der mittleren Reife dort angenommene Kurt Georg Kiesinger »tagaus, tagein. Nur die vom Lande stammenden Schüler… die von zu Hause regelmäßig mit Lebensmitteln versorgt wurden, darbten nicht«. Auch er war jedoch in einer, wie man früher sagte (und leider manchmal heute auch noch!) ehrbaren Familie zur Welt gekommen, die dem Mittelstand angehörte und nicht dem Proletariat. Brandts Mutter Martha Frahm war Verkäuferin und 19 Jahre alt, als sie den unehelichen Sohn zur Welt brachte. Sie heiratete später den Maurerpolier Emil Kuhlmann. Als Vaterersatz hatte Brandt seinen Großvater Ludwig Frahm, Land-, dann Fabrikarbeiter. Wie die Väter anderer Kanzler erwies sich der zukünftige Willy Brandt gewissermaßen als gesellschaftlicher Emporkömmling, indem er zur Realschule, dann zum Reformgymnasium gelangte und mit 19 das Abitur ablegte, dessen Besitz damals an sich noch viel, viel mehr als heute von der gesellschaftlichen Zugehörigkeit bedingt war.

Es wäre natürlich in den Zeiten der Sensationspresse und des Hangs zu tiefenpsychologischen Erklärungen verführerisch, die Kanzler als Ehemänner zu analysieren. Aber was soll das? Daß Luise Erhard Kriegerwitwe war und vier Jahre älter als ihr Mann, daß Hannelore Kohl den ihrigen viel auf Wahlreisen begleitet hat und begleitet, daß Marie Luise und Kurt Georg Kiesinger im Januar 1933 getraut wurden, als er 28 war, während Ludwig Erhard bei seiner Hochzeit im Dezember 1923 zwei Jahre weniger zählte, das sollte lediglich darauf hinweisen, daß über diese drei Ehen wenig zu sagen ist, wenn es darum geht, die Kanzler und ihr Wirken zu verstehen. Helmut Schmidt und Hannelore Glaser haben 1942 geheiratet. Während des Studiums des Gatten war das Lehrerinnen-Gehalt von Loki Schmidt die feste Einnahmequelle des Paares, was einer moderneren, mehr auf Gleichheit fußenden Auffassung der Ehe entsprach als sie zu Adenauers Jugendzeit herrschte, als der Patriarch noch der Herr der Familie war, dem

28

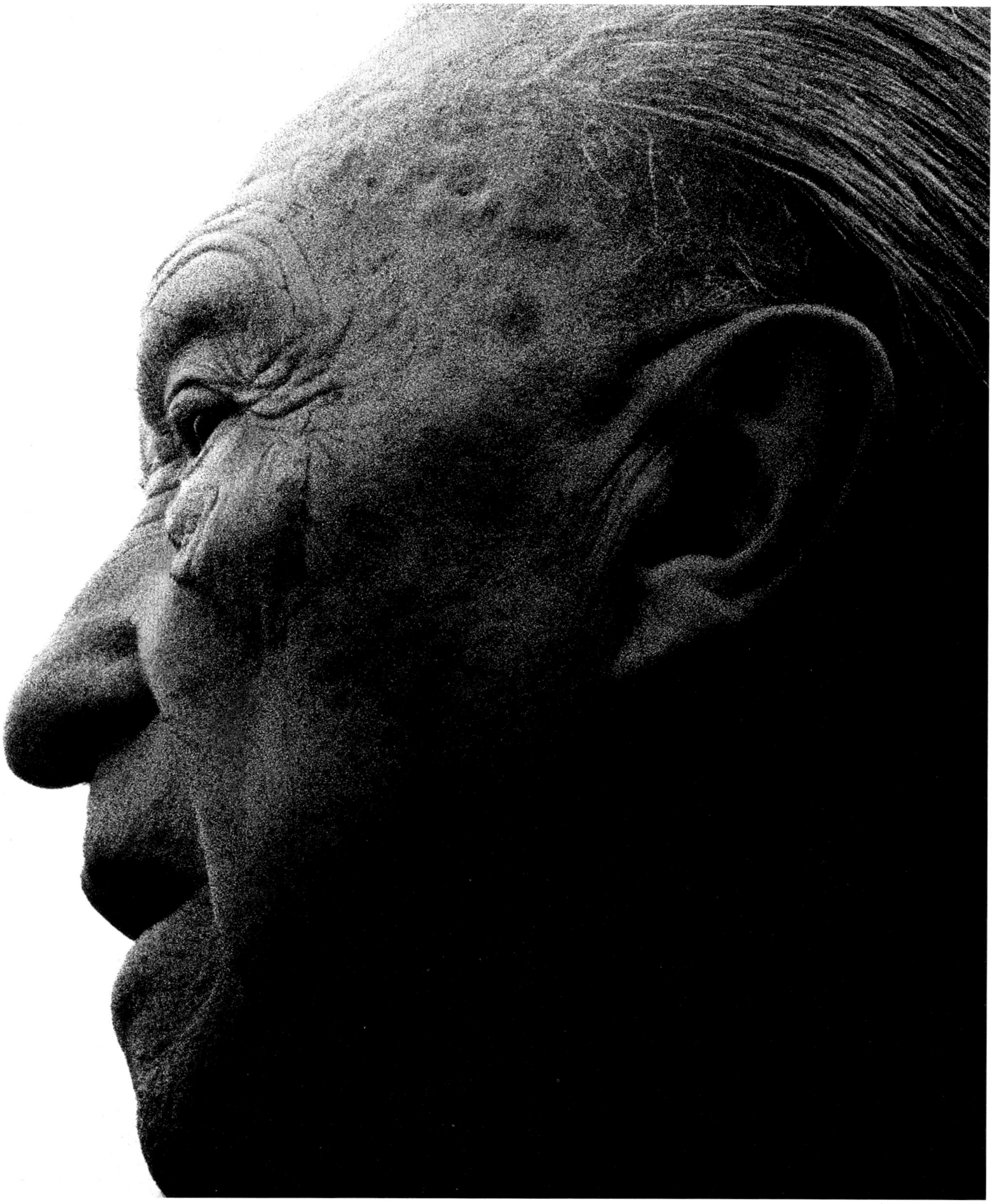

seine Frau »Kinder schenkte«. Daß Adenauer Vater von sieben Kindern wurde, Helmut Kohl von zwei, Helmut Schmidt von einer Tochter, würde als Symbol von veränderten Zeiten zu deuten sein, wenn es nicht auch bei Kiesingers nur eine Tochter und einen Sohn gegeben hätte!

Konrad Adenauers Ehe mit Emma Weyer hat 1916, nach zwölf Jahren, ein tragisches Ende gefunden, als sie an einer Pilzvergiftung starb. Sie stammte »aus bestem Hause«, und für Adenauer hatte diese Heirat einen unbestreitbaren gesellschaftlichen Aufstieg bedeutet. Im September 1919 heiratete er Gussie Zinsser, Tochter eines Arztes und Dermatologie-Professors. Später wird Adenauer den amerikanischen Hochkommissar John McCloy darauf aufmerksam machen, daß dessen Frau mit der Familie Zinsser verwandt war, aber diese Verwandtschaft wird nie eine politische Auswirkung haben, obwohl sie oft als Argument diente, um des Kanzlers sozusagen soziale Abhängigkeit von der amerikanischen Machtelite zu beweisen. Seine zweite Ehe hat hingegen 1944 eine für seine politische Biographie viel wichtigere, tragische Bedeutung bekommen. Als die Gestapo ihn sucht, aber nicht findet, verhaftet sie seine Frau, die nach hartem Verhör und um zwei heranwachsenden Töchtern das Gefängnis zu ersparen, den Aufenthaltsort ihres Mannes verrät, daraufhin eine Überdosis Schlaftabletten schluckt und sich dann eine Pulsader aufschneidet. Ihr Tod im März 1948 ist schließlich weitgehend den Folgen dieses Selbstmordversuches zuzuschreiben.

Wenn nicht die Gleichberechtigung in der Ehe, sondern die Scheidung das Kriterium für Modernität sein sollte, so wäre Willy Brandt der modernste Kanzler gewesen. In der Ausgabe des *Wer ist wer?*, des deutschen *Who's Who*, von 1987 hat er dies folgendermaßen darstellen lassen: »verh. I) 1941–44 m. Carlota, geb. Thorkildsen (Norwegerin), Tochter Ninja (Lehrerin in Oslo); II) 1948–79 mit Rut, geb. Hansen (geb. Hamar/Norw.), 3 S. (Peter, Lars, Mathias); III) s. 1983 m. Dr. phil. Brigitte, geb. Seebacher (Journ.; 1984 ff. SPD-Stadträt. u. Ortsvors. SPD Unkel; Verf.: Ollenhauer, Biedermann u. Patriot, Diss. 1984).« Die dritte Ehe war insofern ein Politikum, als der Altersunterschied zwischen ihm und dem jugendlichen hübschen Mitglied des Partei-Sekretariats groß war, wo doch der Nobelpreisträger in den Augen vieler als aus dem menschlich, allzumenschlichen Leben zurückgezogen, nur sich der Verehrung darbietende, würdige Vaterfigur hätte dastehen sollen. Auch gab es eine doppelte Erinnerung: an das Ehepaar Rut und Willy Brandt im harten, diffamierenden Wahlkampf 1972 und dann in der berechtigten gemeinsamen Rührung bei der Ankündigung des

Sieges; und an die Umstände, unter denen der Kanzler 1974 zurückgetreten war, als er nicht nur die Verantwortung für das Emporkommen des Spions Guillaume übernahm, sondern durch Androhung eines Skandals auf Grund wirklicher oder angekreideter »Frauengeschichten« erpreßt wurde. Wäre er im Amt geblieben, so hätte es vielleicht Stoff für niedrige Angriffe auf das Privatleben gegeben, zu einer Zeit, wo die Lebensgeschichte von Willy Brandt endgültig ein Element seines weltweiten, der Bundesrepublik nützlichen Ruhms geworden war, was jeglicher Kampagne gegen den »Emigranten«, gegen den »Norweger« die Stoßkraft wegnahm.

VOM UMGANG MIT DEUTSCHER GESCHICHTE

Nicht die Verwaltungsarbeit ist wichtig, die Konrad Adenauer zwischen dem 4. Mai und dem 6. Oktober 1945 geleistet hat, also von seiner Einsetzung als Kölner Oberbürgermeister von den Amerikanern, vier Tage vor der Kapitulation, bis zu seiner Entlassung durch den britischen Militärgouverneur, nachdem am 21. Juni die britischen Truppen die amerikanischen abgelöst hatten. Entscheidend ist die Tatsache, daß die Siegermacht gleich auf den Mann stieß, der zwölf Jahre zuvor weggejagt worden war, folglich als erwiesener Gegner des Nationalsozialismus verwendet werden konnte.

Zur Politik war Adenauer eigentlich durch seinen Beruf gekommen. Er hatte in Freiburg, München und Bonn Jura studiert, 1901 sein zweites Staatsexamen bestanden, war Assessor bei der Staatsanwaltschaft Köln geworden, bevor er 1903–1905 die Vertretung des erkrankten Rechtsanwalts Hermann Kausen übernahm, der auch Vorsitzender der Zentrums-Fraktion in der Stadtverordneten-Versammlung war. Im Mai 1906 wurde Adenauer zum hauptberuflichen Beigeordneten der Stadt Köln ernannt. 1909 wurde er Erster Beigeordneter, acht Jahre bevor er einstimmig zum Oberbürgermeister gewählt wurde, auf zwölf Jahre. Die Wiederwahl 1929 fiel dann wesentlich knapper aus, nicht nur weil die politische Zusammensetzung dem Zentrum weniger Einfluß gab, sondern auch weil die Finanzen der Stadt in schlechtem Zustand waren. Seit 1921 war der Oberbürgermeister auch Präsident des Preußischen Staatsrats, das heißt der zweiten, theoretisch hohen, faktisch nicht gerade mächtigen Kammer Preußens. Als Stadtvater und Zentrums-Politiker war Konrad Adenauer ein Politiker von nationaler Bedeutung, der zur Zeit der Revolution 1918/1919 bewiesen hatte, daß er zwar die Revolutionäre ablehnte, jedoch mit

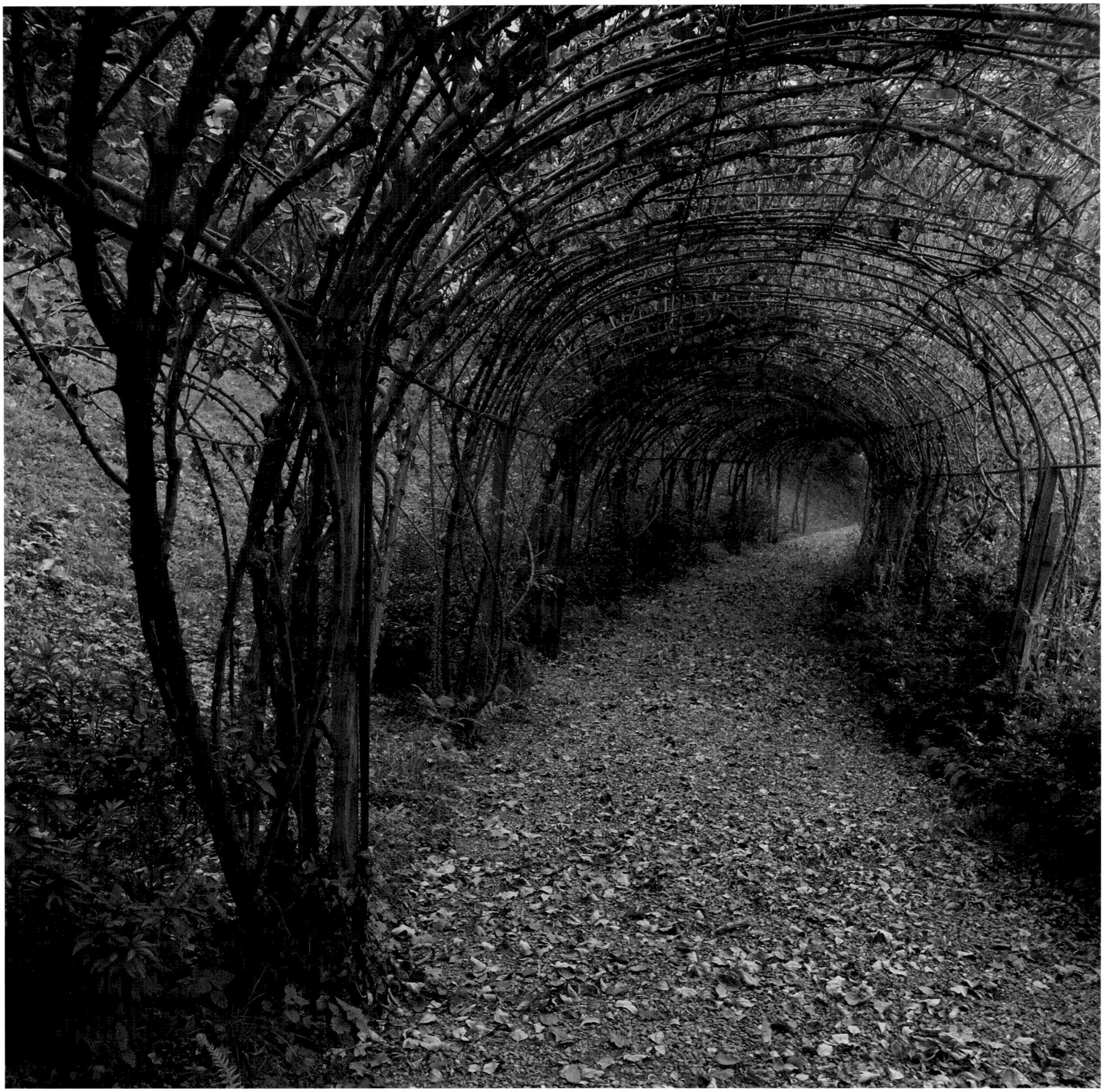

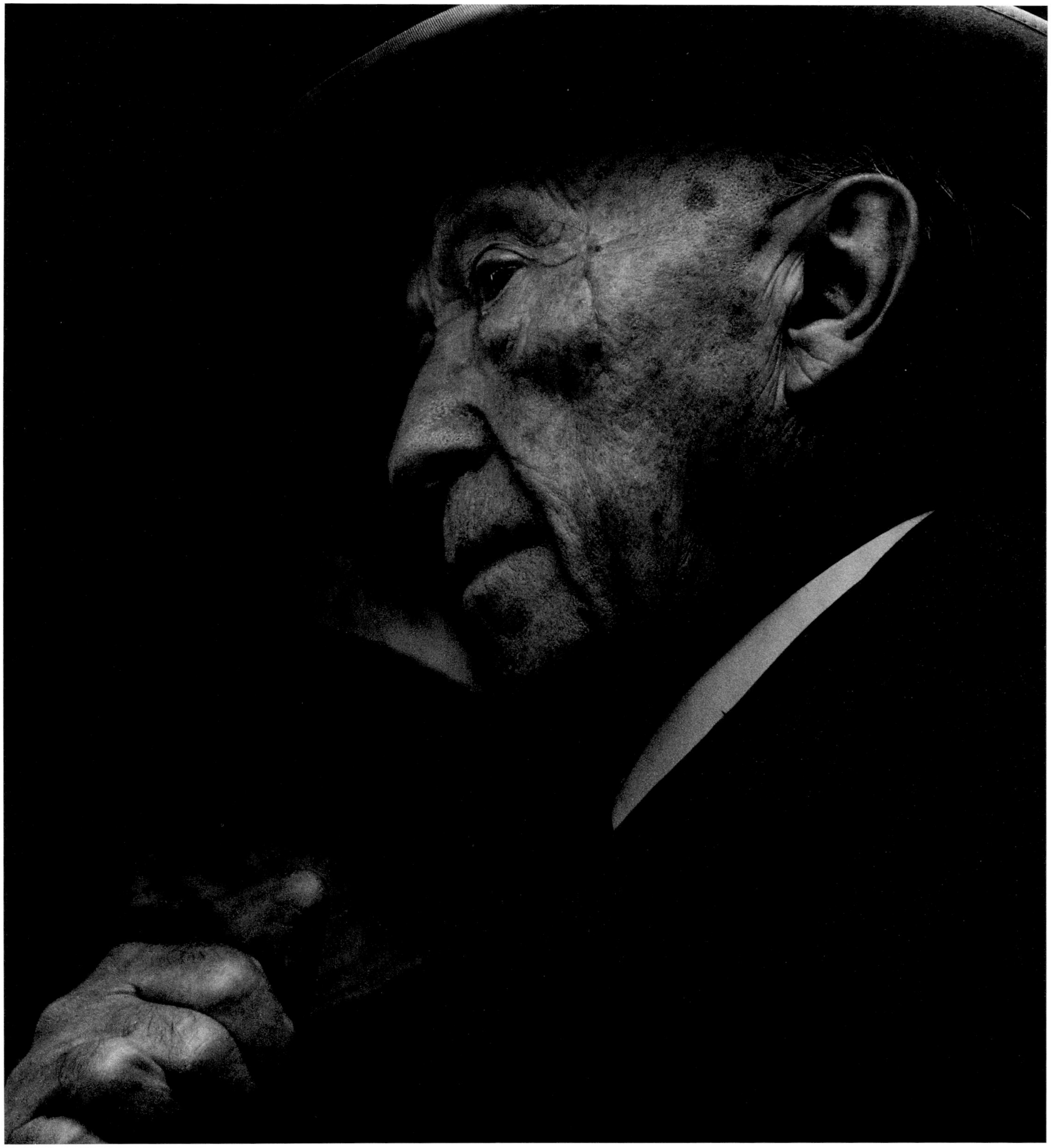

34

ihnen zugunsten von Ruhe und Ordnung in der Stadt tragbare Kompromisse schließen konnte. Seine Ablehnung der extremen Rechten trug ihm die Feindschaft der ab 1930 emporschnellenden Hitler-Partei ein. Am 13. März 1933 wurde er des Amtes enthoben und am 17. Juli auf Grund des neuen Gesetzes zur Wiederherstellung des Berufsbeamtentums förmlich abgesetzt, dessen Paragraph 4 bestimmte: »Beamte, die nach ihrer bisherigen politischen Betätigung nicht die Gewähr dafür bieten, daß sie jederzeit rückhaltlos für den nationalen Staat eintreten, können aus dem Dienst entlassen werden.« (Eine Formulierung, in der »national« als national-sozialistisch gedeutet werden mußte, die aber in ihrer Grundlage der Beamtentradition entsprach, so wie sie dann 1972 mit dem »Radikalen-Erlaß« wieder aufgenommen werden sollte.)

Im Januar, einige Tage nach Hitlers Ernennung zum Kanzler, hatte Konrad Adenauer sich als Präsident des Preußischen Staatsrats geweigert, der Auflösung des preußischen Landtags zuzustimmen, die dennoch erfolgte. Es gab dann ein Dienststrafverfahren gegen ihn wegen Veruntreuung von Geldern und Verletzung der Amtspflicht, das 1935 mit einem Vergleich mit der Stadt endete, was ihm einen Teil seiner Pension verschaffte und ihn und seine große Familie vor finanzieller Not rettete (zu der allerdings auch zumindest unvorsichtige private Spekulationen am Ende der zwanziger Jahre beigetragen hatten). Er versteckte sich zeitweilig – 1933/34 im Benediktiner-Kloster Maria Laach –, zeitweilig lebte er nur zurückgezogen. Er wurde zweimal verhaftet, nach dem »Röhm-Putsch« 1934 und nach dem Attentat auf Hitler vom 20. Juli 1944.

Also Verfolgung und Widerstand? Die Antwort muß sorgfältig abgewogen werden. Im Vergleich zu so vielen großen und kleinen Bekehrten und Mitläufern ist Adenauer ein Gegner und ein Opfer des NS-Staates gewesen. Aber die wahre Natur des Nazismus hat er 1932/33 nicht viel besser verstanden als die Vertreter seiner Partei, die am 23. März 1933 ihr Ja-Wort zum Ermächtigungsgesetz gegeben haben, das Hitler erlaubte, alle Grundrechte abzuschaffen. Er hätte bei mehreren Auslandsreisen im Ausland bleiben können, oder er hätte die Angebote von Männern wie Jakob Kaiser oder Goerdeler annehmen können, aktiven Widerstand zu leisten. Sein jüngster, bestinformierter Biograph schreibt dazu schlicht: »Er hat Goerdelers Aktivitäten und die Offiziersverschwörung als lebensgefährlich betrachtet.« Wenn Hans und Sophie Scholl so gedacht hätten, wären sie gewiß am Leben geblieben!

1949 hatten die Bürger der neugegründeten Bundesrepublik nicht hauptsächlich wegen der Ver-

Es wäre eine große Gefahr für die parlamentarische Demokratie in unserem Lande, wenn man kleine, böse, rechtsradikale, womöglich noch vom Ausland abhängige Parteien und Parteichen die Früchte oppositioneller Stimmungen ernten ließe.
KONRAD ADENAUER

gangenheit zwischen Konrad Adenauer und Kurt Schumacher entschieden. Aber die Wahl hatte doch zumindest eine symbolische Bedeutung: Adenauer, das war die Ablehnung des Regimes, Schumacher, das war die leibhaftige Erinnerung an die Hölle, in die bereits 1933 viele gestürzt worden waren, darunter der junge SPD-Abgeordnete, der 1932 im Reichstag den Nationalsozialismus als »Appell an den inneren Schweinehund im Menschen« bezeichnete und dann bei Kriegsende aus den Konzentrationslagern als Krüppel gewissermaßen auferstand.

Als Vorsitzender der CDU in der britischen Zone, als Präsident des Parlamentarischen Rats 1948/49, dann als Bundeskanzler hat Adenauer viel geleistet, um die freiheitlich-parlamentarische Demokratie aufzubauen. Aber zu den Verbrechen der Vergangenheit hat er kaum die Sprache gefunden, die zu klarer Einsicht geführt hätte. Vielleicht war es nützlich, in der Grundsatzrede vom 24. März 1946 den entmutigten Deutschen zu sagen: »Wie war es möglich, daß in diesem Kriege Wunder an Tapferkeit und Pflichttreue geleistet werden konnten und daß dicht daneben im selben Volke Verbrechen über Verbrechen größten Ausmaßes begangen wurden ... Ich habe mich seit 1933 oft geschämt, Deutscher zu sein ... Aber jetzt bin ich wieder stolz darauf, ein Deutscher zu sein ... Ich bin stolz auf den Starkmut, mit dem das deutsche Volk sein Schicksal erträgt.« Aber der Besinnung war mit dem Begriff der Pflichttreue wenig gedient. Und war der Stolz im Hinblick auf die durch Mitläufertum mitverschuldeten Opfer wirklich am Platze? Auch seine erste Regierungserklärung, am 20. September 1949, enthält lediglich eine kurze Warnung vor dem Antisemitismus und sonst nichts über die Vergangenheit, nicht einmal ein Gedenk- und Dankwort für die deutschen Widerstandskämpfer. Gewiß galt es gerade, Millionen ehemaliger Verführter der Demokratie zuzuführen und in diese einzubinden. Nach dem Wahlsieg wäre jedoch eine andere Sprache sicher möglich gewesen. So wie diejenige, die Adenauer dann selber geführt hat, um 1952 seiner Partei und dem Bundestag das Wiedergutmachungsabkommen mit Israel abzugewinnen. Aber auch hier gab es Unklarheiten, die das ganze Problem der Vergangenheitsbetrachtung in der jungen Bundesrepublik betrafen: Was sagte, was tat man, um sich zu besinnen, was um die Gunst der westlichen Demokratien, vor allem der USA, zu gewinnen, um als ehrbar betrachtet zu werden? In seiner entscheidenden Rede vor der CDU-Fraktion sagt Adenauer zwar, »Die Bundesrepublik hat große moralische Verpflichtungen«, aber auch, ein Nein »würde unser ganzes Bestreben, wieder ausländische Kredite zu bekommen, in sehr starkem Maße beeinträchtigen«. Und er verwendete dabei den Begriff »die Macht des Weltjudentums«, der einer schlimmen Mythologie entnommen ist.

Wie Adenauer ist Ludwig Erhard noch vor der Kapitulation von den Amerikanern eingestellt worden. Bereits am 19. April 1945 beauftragte ihn der amerikanische Stadtkommandant von Fürth, bei der Wiederbelebung der städtischen Industrie mitzuwirken. Und im Oktober wurde er vom amerikanischen Gouverneur Bayerns als Wirtschaftsminister in die Landesregierung des Sozialdemokraten Wilhelm Hoegner berufen. Aber Erhard war – anders als Adenauer – vorher nie in der Politik tätig gewesen. Er wird sich später selber als »amerikanische Erfindung« auf dem Gebiet der Politik bezeichnen. Wie bei allen anderen Politikern, die von den Besatzungsmächten gefunden und ernannt wurden, hat dies nie eine negative Auswirkung auf die politische Karriere in der Bundesrepublik gehabt: Da die Sieger dem Nachkriegsdeutschland ziemlich bald eine moralische Aufwertung als Mitstreiter gegen die Freiheitsbedrohung aus dem Osten zukommen ließen, war das Odium der »Kollaboration« bald im Keim erstickt. Die Beschimpfung Adenauers als »Kanzler der Alliierten« durch Kurt Schumacher galt dann nur seiner Politik, nicht jedoch seiner Ernennung bei Kriegsende.

Ludwig Erhard war 1945 in der Tat unbelastet. Nachdem er 1922 Diplom-Kaufmann geworden war, hatte er in Frankfurt weiterstudiert und 1925 seine Dissertation abgeschlossen. Er spezialisierte sich auf Wirtschaftsbeobachtung und Marktforschung. Da er sich nach 1933 weigerte, dem NS-Dozentenbund beizutreten, konnte er sich nicht habilitieren und arbeitete in der Leitung des Nürnberger Instituts für Wirtschaftsbeobachtung. Er gründete dann 1943 ein Institut für Industrieforschung dank der Unterstützung bedeutender Industrieller der Reichsgruppe Industrie. Für sie verfaßte er eine Denkschrift über die deutsche Wirtschaft nach dem Ende eines wahrscheinlich verlorenen Krieges. Die Denkschrift, die sich für eine Lösung »aus den Fesseln der staatlichen Bevormundung« aussprach und für die Notwendigkeit eines Lastenausgleiches, fand die Zustimmung Goerdelers, der sie als Weisung für die Reichsregierung betrachtete, falls die Verschwörer gegen Hitler siegen würden. Aber Erhard diskutierte die Schrift auch mit dem SS-Brigadeführer Ohlendorf. Dieser war einerseits Jurist und kompetenter Nationalökonom und wurde als solcher 1945 Ministerialdirektor in der »Regierung« Dönitz in Flensburg, war jedoch andererseits 1941/42 in Rußland Leiter

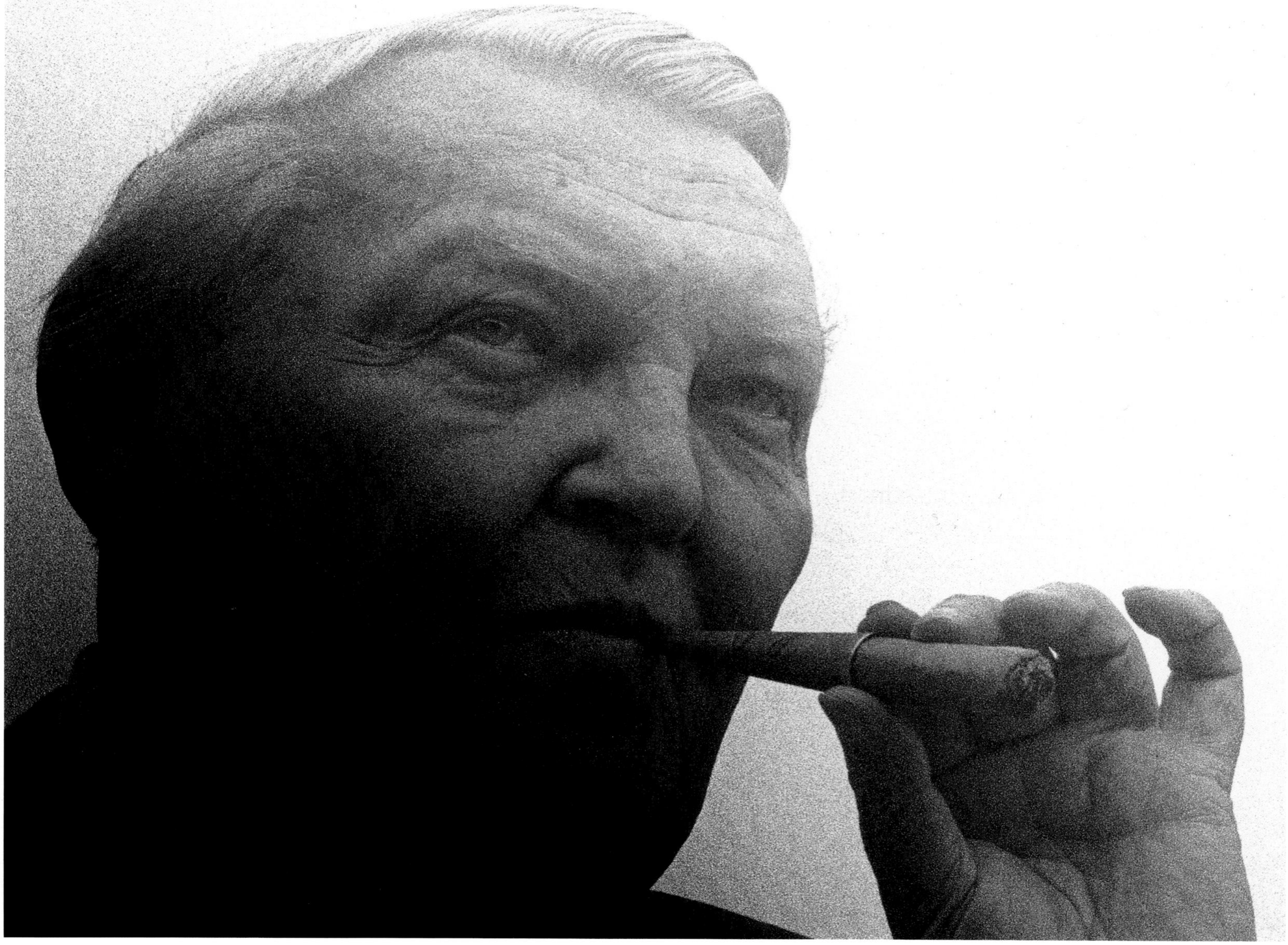

einer der Einsatzgruppen gewesen, die Massenexekutionen vorgenommen hatten, wofür er von einem amerikanischen Militärgericht zum Tode verurteilt und im April 1948 hingerichtet wurde. Erhard war Ende 1944 allerdings zum damaligen Wirtschaftsexperten der SS gerufen worden, der schon nicht mehr an den Sieg glaubte, nicht zu dem Massenmörder Ohlendorf. Und Goerdeler selbst hatte bis 1937 dem Dritten Reich treu gedient. Erhard hat sich mit dem Regime nie kompromittiert, aber Menschen und Situationen der Hitler-Zeit sind oft schwierig zu beurteilen, und sei es nur, weil man auch in einer »Nische« nie ganz von der NS-beherrschten Gesellschaft abgeschlossen war.

Kurt Georg Kiesinger wurde nach Kriegsende von den Amerikanern nicht mit einem Amt betraut, sondern wegen seiner Funktion im Reichsaußenministerium interniert. Er wurde nach seiner Entlassung aus der Internierung aber keineswegs verurteilt. Hätte er verurteilt werden sollen? Gewiß nicht für seinen Beitritt zur NSDAP im Jahr 1933. Kiesinger hätte damals natürlich sehen und einsehen können, was das Hitler-Regime war: Unterdrückung, nackte Gewalt, Aufhebung von Freiheiten aller Art waren ganz offensichtlich am Werke. Aber der 29jährige katholische Jurist konnte glauben, es würde sich manches beruhigen und es würde nur die Nation aufgewertet und die Arbeitslosigkeit bekämpft werden, nun, da auch die Zentrums-Partei ihr Ja-Wort gegeben hatte und die katholischen Kirchenfürsten schon vor dem Reichskonkordat sich dem neuen Regime unterworfen. Als die österreichischen Bischöfe 1938 nach dem Anschluß die Katholiken aufriefen, Hitler zu unterstützen, stand Kiesinger schon im Abseits – als Anwalt, der sich geweigert hatte, dem Nationalsozialistischen Rechtswahrerbund beizutreten, und dessen einziger politischer Prozeß der Verteidigung eines Gestapo-Opfers gegolten hatte.

Anders steht es mit seiner Tätigkeit ab April 1940. Ob er ins Auswärtige Amt dienstverpflichtet wurde oder hineinwollte, um der Wehrmacht zu entkommen, ist unwesentlich. Seine Bezeichnung als »Wissenschaftlicher Hilfsarbeiter« (WHA) sollte nicht zur Entlastung dienen: WHA waren alle Nichtbeamten, auch wenn sie als Abteilungsleiter wirkten. Kiesinger wurde immerhin auch stellvertretender Abteilungsleiter der Rundfunkpolitischen Abteilung und war befaßt mit dem Rundfunkeinsatz und auch mit der Verbindung zum Propagandaministerium. Er hat weniger persönliche Verantwortung für Texte und Entscheidungen übernommen, als in dem Streit um seine Vergangenheit 1966 behauptet wurde. Aber auch das entlastende Material ist mit Vorsicht

*Die sozial verpflichtete Marktwirtschaft,
die das einzelne Individuum wieder zur Geltung kommen läßt,
die den Wert der Persönlichkeit obenan stellt und der
Leistung dann aber auch den verdienten Ertrag zugutekommen läßt,
das ist die Marktwirtschaft moderner Prägung.*
LUDWIG ERHARD

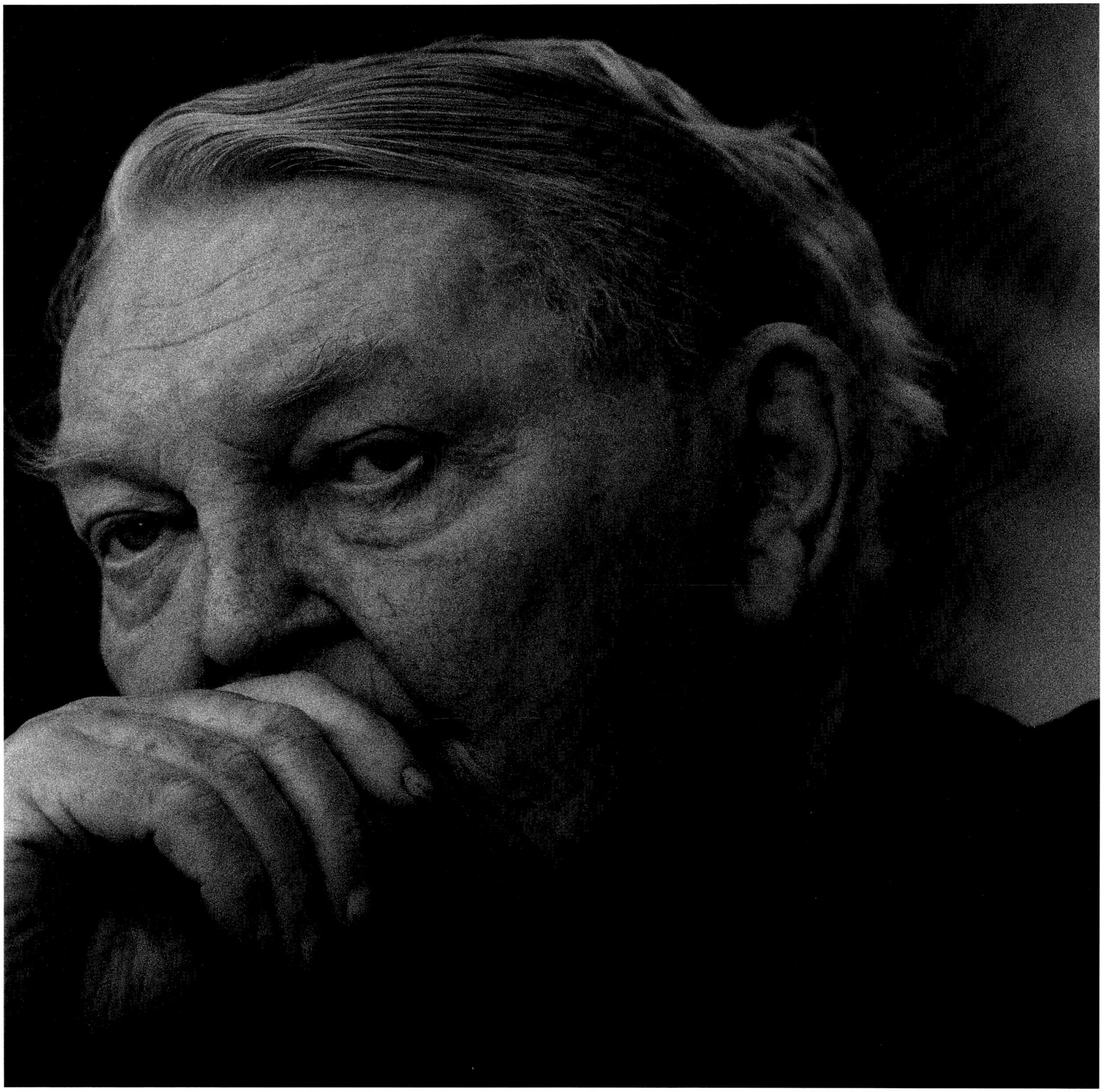

41

zu benutzen, denn die Denunziation, die im November 1944 gegen ihn wegen »Sabotage der antijüdischen Aktion« erfolgte, zeigt lediglich, daß der »Dirigent Kiesinger« die dümmsten Sprachregelungen unterband, wie »Judenbrücke New York–Moskau«, vielleicht aus Anti-Antisemitismus, vielleicht auch nur, weil solche Ausdrücke in Amerika und England propagandistisch keinen Erfolg gehabt hätten. Dazu kommt die schwerwiegende Frage nach dem Wissen um das Schicksal der Opfer des Regimes.

Unter den sechs Kanzlern ist Kurt Georg Kiesinger der einzige, dessen Wirken in einer Periode der NS-Vergangenheit ein moralisches Problem darstellte und im Rückblick noch darstellt: Die Nachricht seines Todes brachte 1988 das französische Fernsehen, als wäre das einzig Bemerkenswerte an ihm gewesen, daß er als Kanzler wegen seiner Vergangenheit geohrfeigt worden sei – und zwar von der streitbaren Verfolgerin der Naziverbrechen und Nazikomplizen Beate Klarsfeld auf dem CDU-Bundesparteitag im November 1968. Diese hatte dabei allerdings völlig übersehen, daß der Geschmähte vor 1940 und nach 1945 ein Vorbild liberalen Geistes und toleranter Menschlichkeit gewesen war und blieb.

Es ist ja gerade ein Musterbeispiel für die Schwierigkeit, die Vergangenheit zu beurteilen, daß Kurt Georg Kiesinger – wie es glaubwürdige Zeugen verschiedenster politischer Richtungen belegen – unter dem Naziregime und dann von 1946 bis 1948 ein hervorragender Lehrer für Jurastudenten war, die er in die große freiheitliche Rechts-Tradition einführte. Und er war Landesgeschäftsführer der CDU von Württemberg-Baden und Mitglied des Bundestags – wo er von 1950 bis 1958 den Vermittlungsausschuß mit dem Bundesrat und von 1954 bis 1959 den Ausschuß für Auswärtige Angelegenheiten leitete. Ferner hat er sich als Ministerpräsident von Baden-Württemberg in Rede und Tat als kultivierter und demokratischer Politiker bewiesen, vor allem wenn man davon ausgeht, daß die Demokratie zunächst einmal darin besteht, dem Gegner mit Respekt entgegenzutreten – besonders wenn er in der Minderheit ist. Man lese nicht nur das Telegramm, das ihm Herbert Wehner schickte, als Kiesinger nach Stuttgart ging: »Bonn wird ärmer.« Wichtiger ist die Rede, die der Geschäftsführer der SPD-Fraktion, der Jurist Adolf Arndt, 1951 aus Anlaß der Verabschiedung des Gesetzes über das Bundesverfassungsgericht gehalten hat: »Ich bedaure, daß der Herr Kollege Kiesinger nicht anwesend ist, denn es ist mir eine wirkliche Freude, angesichts des Hohen Hauses auszusprechen, daß in diesem kritischen Zeitpunkt der Herr Kollege Kiesinger der Demokrat im Ausschuß war, der für die Mehrheit erklärte, es sei unmöglich, ein solches Gesetz ohne Mitwirkung der Minderheit zu verabschieden ... Ich danke dem Herrn Kollegen Kiesinger dafür, daß er diese demokratische Haltung bewiesen hat.«

Es lag aber auf der Hand, daß 1966 der Regierung Kiesinger/Brandt eine doppelte vergangenheitsbezogene Symbolik zugeschrieben wurde. Der bewährte Bekämpfer und Verfolgte des NS-Regimes gab dem Kanzler der Großen Koalition sozusagen die Absolution für dessen Jahre im Ribbentrop-Ministerium, während der CDU-Kanzler die auch von manchen seiner Parteifreunde durchgeführten Kampagnen gegen den »Roten«, gegen den »Vaterlandsverleugner« Lügen strafte. Jeder der beiden erweiterte sozusagen die Hoffähigkeit des anderen.

Herbert Frahm war seit 1931 Mitglied der neugegründeten, links von der SPD angesiedelten Sozialistischen Arbeiter-Partei. Diese wollte sich Ende Februar 1933 auflösen, aber ihr linker Flügel berief einen weiteren Parteitag für den 11. März nach Dresden. Dieser mußte illegal zusammentreten, und der Lübecker Delegierte Frahm nahm dazu den Decknamen Willy Brandt an. Anfang April emigrierte er im Auftrag seiner Partei nach Norwegen, um in Oslo ein Büro zur Bekämpfung des Regimes aufzumachen, wobei er auch der Gefahr der möglichen Verhaftung entgehen konnte. Er schrieb Artikel, unterhielt viele und gute Beziehungen zu der norwegischen Arbeiterpartei, die 1935 an die Regierung kam, und stellte Verbindungen mit der linken Emigration in Paris her. Am 5. September 1938 wurde er offiziell vom Dritten Reich ausgebürgert, wodurch er staatenlos wurde. Im Herbst 1939 stellte er den Antrag auf die norwegische Einbürgerung. Nach der deutschen Invasion am 9. April 1940 mußte er sich verstecken, konnte jedoch im Juli die schwedische Grenze heimlich überschreiten und erhielt in Stockholm den von der norwegischen Exilregierung in London ausgestellten Einbürgerungsbrief. 1943 schrieb er als Antwort auf kommunistische Angriffe: »Ich habe im Laufe dieser Jahre zweimal ein Vaterland verloren. Ich arbeite dafür, zwei Vaterländer wiederzugewinnen – ein freies Norwegen und ein demokratisches Deutschland. Es wird gewiß nicht leicht sein, das Erbe nach den Nazis zu übernehmen, aber einmal muß der Tag kommen, da der während des Krieges unvermeidliche Haß überwunden wird. Einmal muß das Europa Wirklichkeit werden, in dem Europäer leben können.«

Nach Kriegsende war ihm seine Zukunft nicht klar, unter anderem weil er, wie er 1946 einem Freund schrieb, sich fragen mußte, »ob ich nicht gerade in einer öffentlichen Stellung viel Ärger mit denen haben werde, die mir trotz Rückkehr die

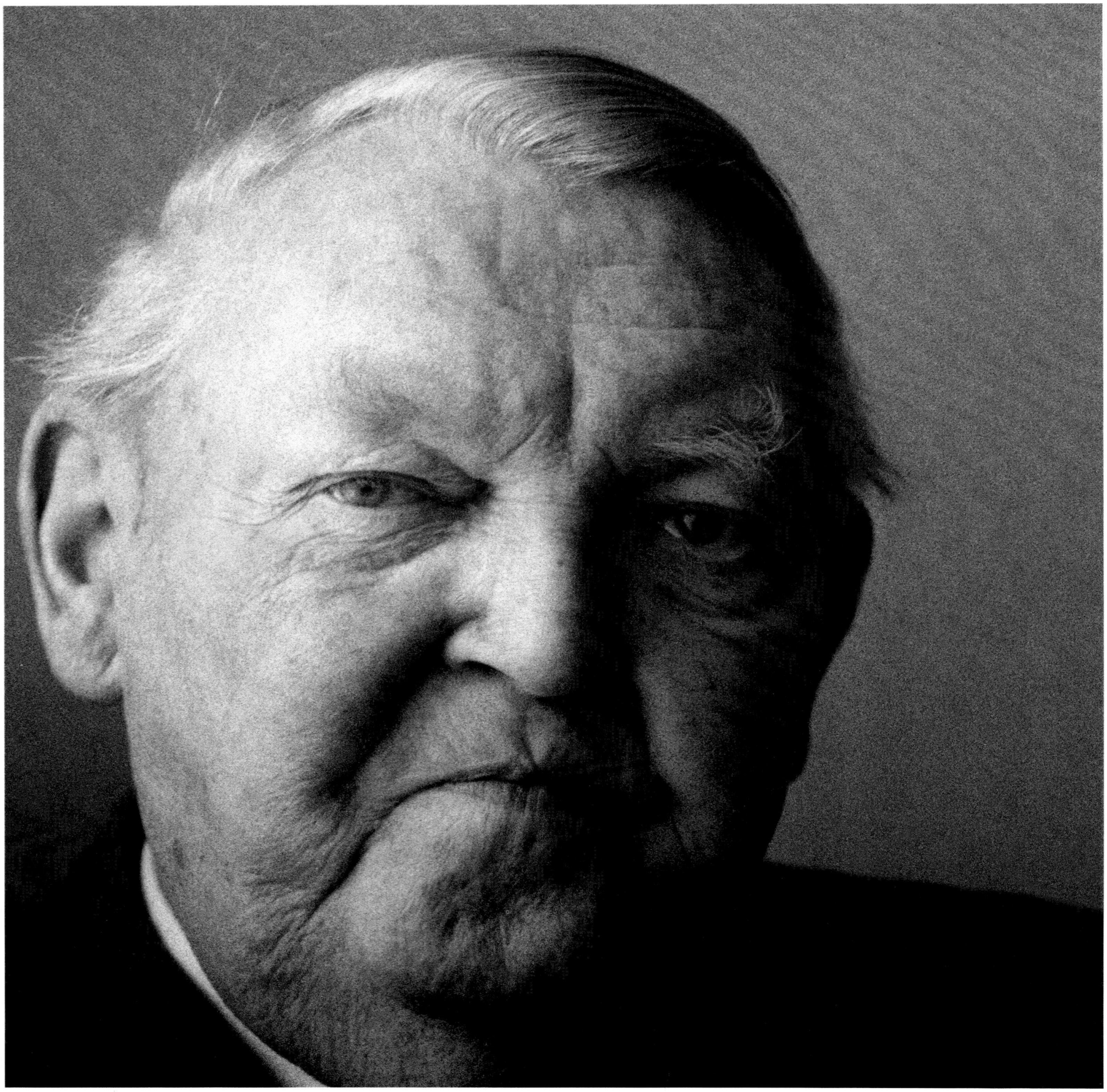

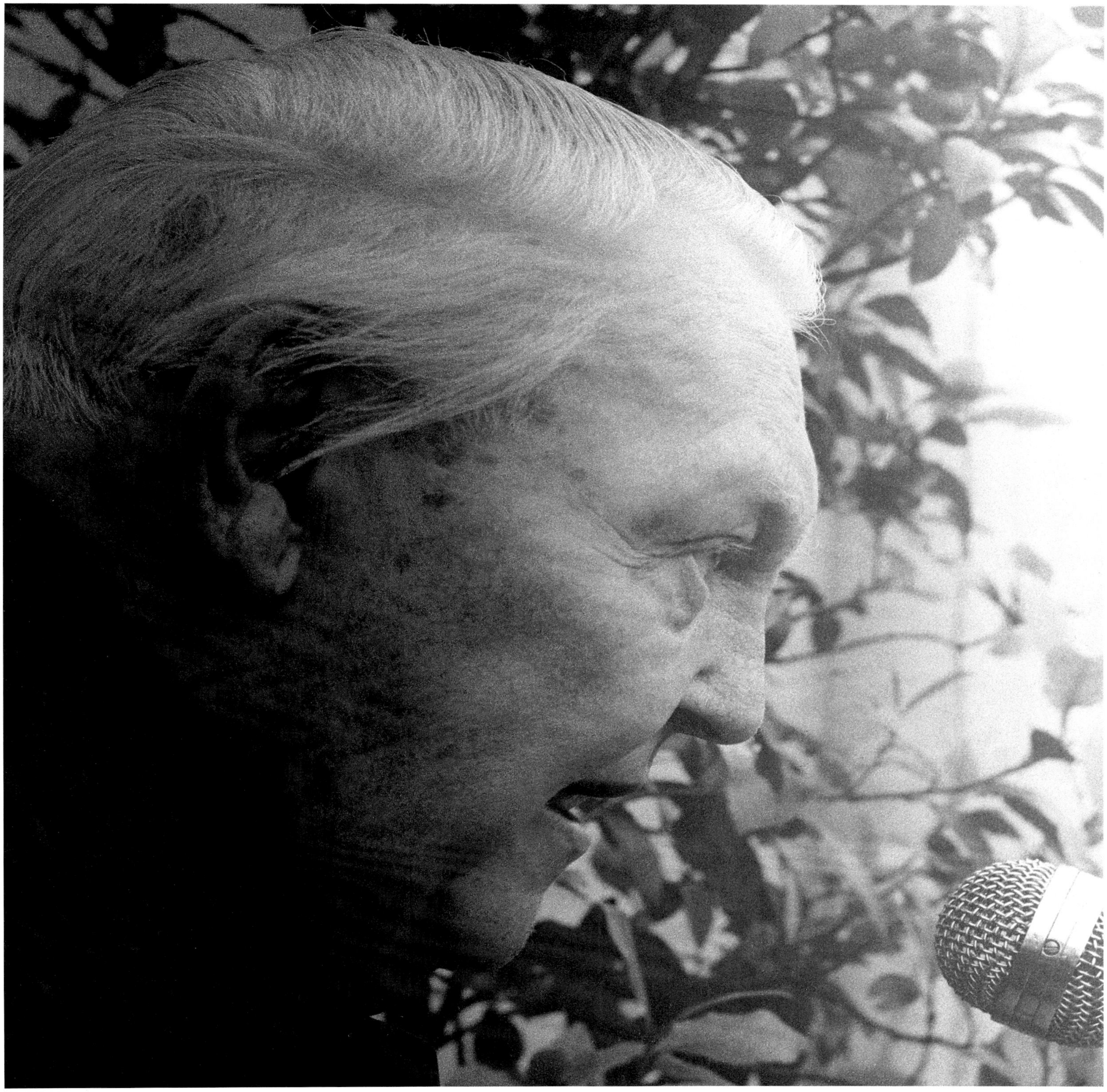

langen Jahre des Exils – oder sogar Renegatentum wegen meiner norwegischen Staatsbürgerschaft – vorwerfen werden«. Im Oktober 1945 reiste er als norwegischer Pressekorrespondent zu den Nürnberger Prozessen. Im Mai 1946 war er als skandinavischer Gastdelegierter beim 1. Nachkriegsparteitag der SPD in Hannover. Im Januar 1947 wurde er vorübergehend Presseattaché an der norwegischen Militärmission in Berlin, wo er sich entschied, trotz verlockender Angebote der befreundeten norwegischen Regierung wieder als Deutscher das Schicksal eines besiegten und zerstörten Landes zu teilen. Am 1. Februar wurde er Vertreter des SPD-Vorstands in Berlin. Am 1. Juli 1948 wurde der Norweger »Herbert Frahm, genannt Willy Brandt«, durch die schleswig-holsteinische Regierung wieder als Deutscher eingebürgert. Am 11. August 1949 erhielt er in Berlin amtlich das Recht, Willy Brandt zu heißen. Im folgenden Jahr wurde er Mitglied des Berliner Abgeordnetenhauses, 1955 dessen Präsident und 1957 Regierender Bürgermeister. Die Beibehaltung des Decknamens von 1933 zeugte dafür, daß er sich in erster Linie mit seinem Kampf gegen den Nationalsozialismus identifizierte.

War sich Franz Josef Strauß darüber im klaren, was er sagte, als er im Februar 1961 als Bundesverteidigungsminister in einer Rede anklägerisch fragte:
»Eines wird man doch aber Herrn Brandt fragen dürfen: Was haben Sie zwölf Jahre lang draußen gemacht? Wir wissen, was wir drinnen gemacht haben!« Im August 1961 sagte Bundeskanzler Adenauer im Wahlkampf, er sei »der Auffassung, wenn einer mit der größten Rücksicht behandelt worden ist von seinen politischen Gegnern, dann ist das der Herr Brandt alias Frahm« – und er fügte eine Anspielung auf die uneheliche Geburt des SPD-Kandidaten hinzu. Vielleicht hat dies der CSU und der CDU Stimmen gebracht, aber das befreundete Ausland hat darauf mit echter Bestürzung reagiert in Anbetracht dieser eigentlich das Mitläufertum verherrlichenden Art der »Vergangenheitsbewältigung«. Das Ausland war es dann auch, das vielleicht am tiefsten ergriffen auf die Bilder blickte, die 1970 den Kniefall vor dem Ghetto-Denkmal in Warschau zeigten. Der Kniefall des Kanzlers Willy Brandt: Als Mensch Willy Brandt hatte er gewiß nichts mitverschuldet, aber als Kanzler zeigte er, daß auch die an dem Massenmord völlig unbeteiligten Deutschen eine moralische Haftung tragen – was ja bereits von Adenauer beim Israel-Vertrag zum Ausdruck gebracht worden war. Eine Haftung, die jenseits jeder Idee von einer Kollektivschuld liegt.

Die Frage nach der persönlichen Mitverantwortung betraf vielleicht Helmut Schmidt: Hat man als

Wohlstand ist eine Grundlage, aber kein Leitbild für die Lebensgestaltung. Wohlstand zu bewahren, ist noch schwerer, als ihn zu erwerben.
LUDWIG ERHARD

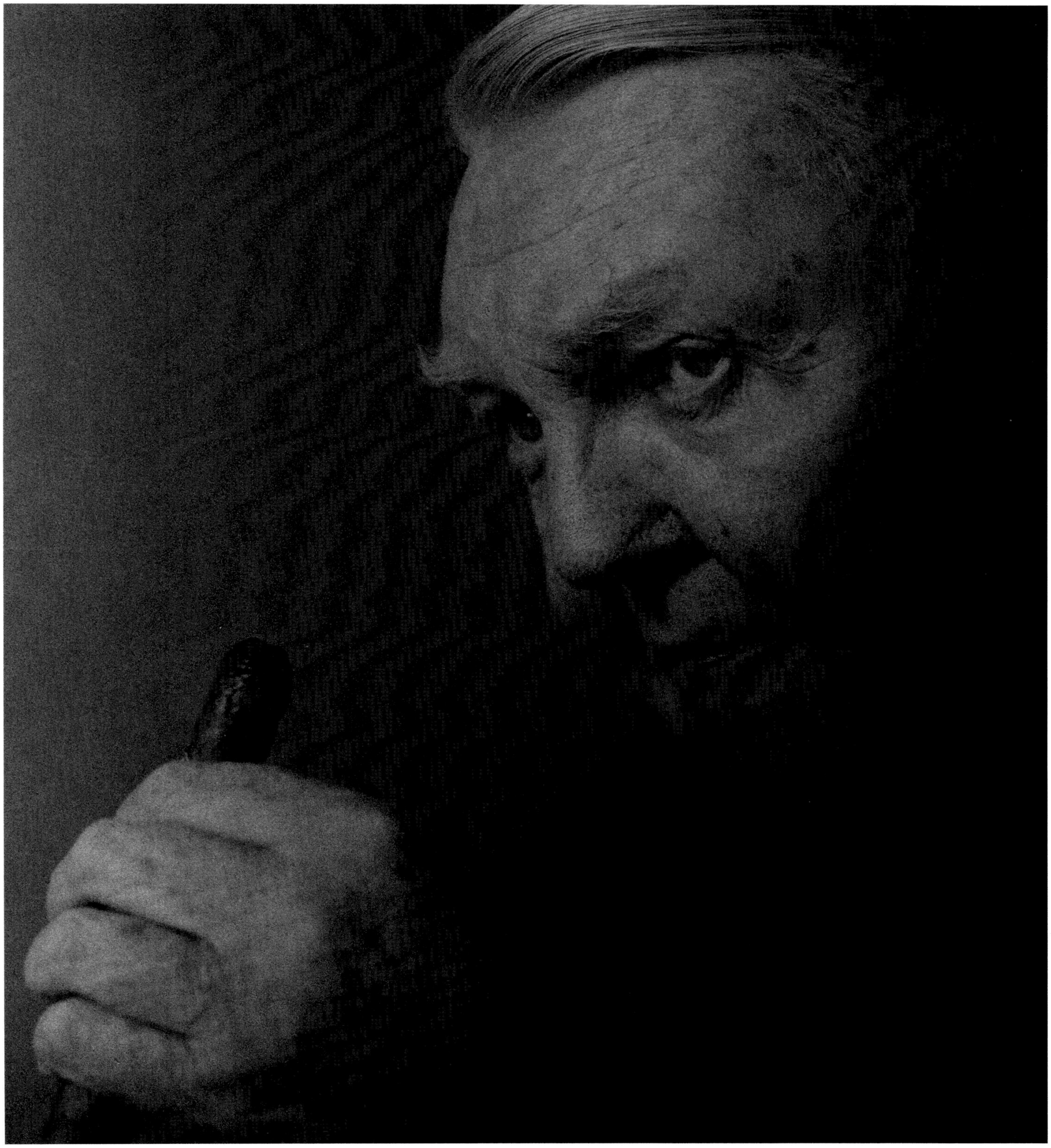

Soldat lediglich seine Pflicht getan, oder hat man nicht zur Unterdrückung anderer Völker beigetragen? Hat man nicht beinahe dem verbrecherischen Regime zum Sieg verholfen? Die Trauer um jeden gefallenen Soldaten ist voll berechtigt, auch die Bewunderung für Ausdauer und Mut – vorausgesetzt, die ausgeübten Tugenden werden nicht als Rechtfertigung der Sache betrachtet, für die sie eingesetzt wurden, vorausgesetzt auch, daß das Lob der Pflichterfüllung nicht als Verurteilung derer gilt, die dem Regime widerstanden haben, und sei es durch »Fahnenflucht«. Dies hat zum Beispiel Kiesingers Nachfolger in Stuttgart, Ministerpräsident Filbinger nicht verstehen wollen, was um so schlimmer war, als er bis Kriegsende als Militärrichter wortwörtlich mörderische Urteile gefällt hatte.

Ganz gewiß nicht trifft diese Frage nach der persönlichen Mitverantwortung jedoch Helmut Kohl. »Warum geschah das alles? Warum diese furchtbaren Opfer? Die Antwort ist: Hitler wollte den Krieg, sein Leben hatte keinen anderen Zweck als den Krieg. Er verwandelte unser Land in eine riesige Kriegsmaschinerie, und jeder von uns war ein Rädchen darin. Das war erkennbar. Wir haben aber die Ohren und Augen geschlossen, hoffend, es möge anders sein.« Diese Worte des Bundespräsidenten Scheel am 8. Mai 1975 betrafen weder Willy Brandt, weil er von Anfang an nein gesagt hatte, noch Helmut Kohl, weil sich ein damaliges Kind nicht in dieses »Wir« einbezogen zu fühlen braucht.

Der viel umstrittene, viel beschimpfte (und in der umstrittenen Form nicht genau verwendete) Ausdruck der »Gnade der späten Geburt« hätte eigentlich nur empören dürfen, wenn er mit einer Ablehnung des Haftungsprinzips verbunden gewesen wäre. Aber so etwas ist eben nicht geschehen. Man lese zum Beispiel die Rede, die der Bundeskanzler am 21. April 1985 bei der Gedenkstunde anläßlich des 40. Jahrestags der Befreiung des Konzentrationslagers Bergen-Belsen gehalten hat: »Versöhnung mit den Hinterbliebenen und den Nachkommen der Opfer ist nur möglich, wenn wir unsere Geschichte annehmen, so wie sie wirklich war, wenn wir uns als Deutsche bekennen: zu unserer Scham, zu unserer Verantwortung vor der Geschichte … Und so besinnen wir uns in dieser Stunde auf das Leid, das den Völkern Mittel- und Osteuropas in deutschem Namen zugefügt wurde … Für die Untaten der NS-Gewaltherrschaft trägt Deutschland die Verantwortung vor der Geschichte. Diese Verantwortung äußert sich auch in nie verjährender Scham.«

Aber Bitburg? Aber der Wahlkampf 1986/87 mit dem Vergleich Goebbels/Gorbatschow und dem Wort Konzentrationslager für die Gefängnisse der

DDR? Zur Zeit der Bitburg-Polemik galt es, in der Bundesrepublik und noch mehr in Frankreich zu betonen, daß es keinen prinzipiellen Einwand gegen einen Besuch auf einem Militärfriedhof geben sollte – auch wenn sich dort Gräber von Waffen-SS-Soldaten befinden, da diese genauso zwangsverpflichtet gewesen waren wie die Soldaten anderer Wehrmachtseinheiten. Das stimmt zwar nicht für die Generäle der Waffen-SS, wohl aber für die zwangsverpflichteten Elsässer, die der Waffen-SS-Division »Das Reich« angehört hatten, die das französische Dorf Oradour ausgelöscht hatte. Die Verfehlung Helmut Kohls ist gewesen, den amerikanischen Präsidenten nicht besser aufgeklärt zu haben, bevor dieser sagte, er möchte kein Konzentrationslager besuchen, um die Deutschen nicht zu kränken. Als sei nicht ein solcher Besuch eine an die Nichtdeutschen gerichtete Mahnung, zu bedenken, daß die KZs zwar *von* Deutschen, aber *für* Deutsche eingerichtet worden waren und daß, wie es die französische Verfassung von 1946 bereits verkündete, ein Regime besiegt worden war, nicht ein Volk schlechthin! Daß Bundeskanzler Kohl darüber hinaus auch polemisch entstellende Formulierungen gebraucht, ist unbestreitbar, wobei allerdings die Angriffe gegen seine Entgleisungen selber viele Entgleisungen enthielten. Beim Vergleich Goebbels/ Gorbatschow wurde geflissentlich übergangen, daß der Umgang der Sowjetunion mit der Wahrheit ein zumindest autoritärer und entstellender gewesen ist und weitgehend bleibt. Und daß die Gefängnisse der DDR nicht Dachau und Buchenwald ähneln, hätte weder den Vergleich mit sibirischen Lagern ausklammern noch den Hinweis auf die DDR als Polizeistaat verschwinden lassen dürfen.

SELBSTDARSTELLUNG
UND ÖFFENTLICHE MEINUNG

Die Sprache gehört zur Persönlichkeit. Aber mit der Beurteilung der Sprache geht es eben wie mit der Beurteilung der Persönlichkeit: Kann man ohne Vorurteil beurteilen, ist man nicht von vornherein durch das Bild beeinflußt, das man von dem beurteilten Politiker und seiner Sprache hat? Konrad Adenauer verwendete ein sehr begrenztes Vokabular. Weil er nur über eine begrenzte Kultur und über einen begrenzten Wortschatz verfügte, oder weil er von allen verstanden werden wollte? Zeugte seine Sprache von seinem Unverständnis für schwierige gesellschaftliche und geistige Probleme der Zeit, oder war er nicht gerade deshalb ein Staatsmann, weil er sich nicht in Kompliziertem verlor und zugleich die Fähigkeit zur Entscheidung und zur Standhaftigkeit bewies, die allzuoft den Intellektuellen fehlt, die tiefsinnig denken oder schöngeistig sprechen? Natürlich enthalten jeweils beide entgegengesetzten Antworten teilweise Wahres, aber bis zu welchem Grad?

Die Sprache von Helmut Kohl wird oft belächelt und auch verhöhnt. Es werden Bücher veröffentlicht mit Kanzlerworten, von denen die einen in der Tat die Ironie geradezu herausfordern, die anderen, stammten sie nicht aus seinem Munde, vielleicht als unbedenklich betrachtet worden wären. Manchmal scheint die Rede aus der »Phrasendreschmaschine« zu kommen, die das Übersetzerkollegium Straelen vor einigen Jahren als Spielzeug fabriziert hat. Mit drei Rädchen kann man damit 1000 konservative wohlklingend leere Ausdrücke zusammenstellen: »machtvolle Zukunfts-Verpflichtung«, »machtvolle Zukunftsaussage«, »unerschütterliche Zukunfts-Verpflichtung«, »unerschütterliche Schicksals-Verpflichtung« usw. Aber einerseits sprechen und schreiben viele Kritiker wie die »progressive« Seite des Spielzeugs: »emanzipatorische Identifikations-Relevanz«, »emanzipatorische Aktions-Relevanz«, »systematisierte Aktions-Struktur«, »systematisierte Innovations-Präferenz«. Das heißt, sie gehören zu jenen Geistern, denen Willy Brandt auf einem SPD-Parteitag einmal vorgeworfen hat, um so unverständlicher für das Volk zu sprechen, je volksnäher sie sich wähnten. Andererseits werden alle Reden beiseite gelassen, in denen Bundeskanzler Kohl Wichtiges, Richtiges, Mutiges klar und gut gesagt hat. Er habe ja diese Reden nicht selbst geschrieben! Das Argument kann nicht akzeptiert werden: Fast alle Staatsmänner haben »ghostwriter«, deren Entwürfe sie dann bearbeiten. Und das, was sie sagen, ist politisches Handeln in eigener Verantwortung – also wirklich *ihr* Text.

»Le style, c'est l' homme: Der Stil ist Ausdruck des Menschen, wie er wirklich ist«. Dieses geflügelte Wort stammt aus dem 18. Jahrhundert, wo man kaum verschiedene Stile brauchte – einen im Wahlkampf, einen vor dem Parlament, einen im Gespräch mit den Großen anderer Staaten. Aber doch sagt der Stil viel aus. Adenauers Wahlkampfstil zeigte, daß für ihn die Sprache eine politische Waffe war, die nicht immer nur das Florett des ehrlichen Zweikampfes war, sondern der giftgetränkte Dolch sein konnte. Kurt Georg Kiesinger war auch ein guter Wahlkampfredner, dabei aber stets bedacht, den Gegner nicht zu verletzen und nie durch ein gewisses sprachliches Herabsteigen das eigene Kultiviertsein zu verleugnen. Ludwig Erhard war als Wirtschaftsminister ein ermutigender Redner gewesen, weil er wirtschafts- und gesellschaftspolitische Probleme vereinfacht und zuversichtlich darstellte. In seiner Kanzlerzeit wurde öfters am Ungenauen, ja am Schwulstigen des Stils klar, daß die Beherrschung mancher Fragen der Politik ungenügend war. Willy Brandt hat mehrere Stile gehabt, die Veränderungen in der politischen Rolle, vielleicht aber auch in der Persönlichkeit zum Ausdruck brachten, vom jungen, Optimismus ausstrahlenden, Kennedyähnlichen Bürgermeister von Berlin, bis zum um die Zukunft besorgten, an die Jugend und an eine weltweite Solidarität appellierenden Altbundeskanzler und Präsidenten der Sozialistischen Internationalen und Hoffnungsträger in Sachen Nord-Süd-Beziehungen. Helmut Schmidts Stil hat sich auch verändert, und zwar während der Terrorismus-Krise 1977. Gewiß ist die nüchterne Vernunft geblieben und der Wille, ohne Sentimentalität zu sprechen und zu analysieren. Gewiß kam auch vorher schon in der Sprache der Wille zum Ausdruck, nicht als »Macher« dazustehen, sondern die Nüchternheit mit Zielbezogenheit zu verbinden. Aber der ständige Bezug auf eine Ethik, der ist erst nach 1977 voll präsent, wobei die Veränderung in der Rhetorik auf eine Entwicklung der Persönlichkeit hinweisen mag.

Was die Historiker zur Kenntnis der wirklichen Persönlichkeit der Kanzler beigetragen haben oder beitragen werden, ist wichtig. Aber für ihr politisches Wirken war oder ist das Bild wichtiger, das ihre Mitbürger und die Umwelt von ihrer Persönlichkeit hatten – oder aufbauten. Denn die Mitbürger, das sind nicht nur die Leute, deren Meinungen und Vorstellungen von den Demoskopen erforscht und dargestellt werden – als Männer und Frauen, jung und alt, Arbeiter und Unternehmer. Es ist also nicht nur jene »Masse«, deren Ansicht über den jeweiligen Kanzler so schwankend sein kann, daß zum Beispiel Konrad Adenauers Popularität zwischen 1951 und 1953 eine Art Berg- und Talfahrt durchgemacht hat. Die Mitbürger, das sind auch die anderen Politiker, das sind auch die Presse-, Funk- und Fernsehleute, die weitgehend als Ausdruck der »öffentlichen Meinung« gelten und jedenfalls die von den Demoskopen erforschte Meinung mitgestalten. Die Freunde versuchen, ständig das Positive hervorzuheben. Der Regierungs- und der Parteiapparat sind bestrebt, das bestmögliche »Image« (wie man im heutigen Deutsch sagt!) des Kanzlers darzubieten. Aber es ist nicht sicher, ob die Rolle des Gegners nicht mindestens ebenso groß ist – der Gegner aus dem anderen Lager oder der Gegner aus dem eigenen Lager. Ob er nun ungewollt oder gewollt das Bild des Kanzlers verbessert oder verschlechtert hat, Adenauer hatte Kurt Schumacher als Gegner und wurde selber zum Gegner von Ludwig Erhard; Helmut Schmidt und Helmut Kohl hatten beide Franz Josef Strauß zum Gegner, was Schmidt half und Kohl schadete: Schon diese wenigen Beispiele zeigen, daß man sich mit diesen Gegnern befassen muß, wenn man das Kanzlerwerden und das Kanzlersein verstehen will.

Kurt Schumacher hat die SPD beherrscht, von ihrer Neuentfaltung im Herbst 1945 bis zu seinem Tod am 20. August 1952. Er war ein leidenschaftlicher Demokrat, der jedoch weder die Demokratie parteiintern wirklich praktizierte noch in Form der Toleranz zur Schau trug oder vor der Welt diejenige des Nachkriegsdeutschlands verkörperte. In Frankreich, in den USA und sogar in dem von den Sozialisten regierten England galt er in erster Linie als Nationalist, was die Unterstützung für Adenauer unumgänglich machte, wenn die Alternative lediglich Kurt Schumacher sein sollte. Das Urteil war ungerecht: Hatte doch Schumacher den Bruch mit der unfreiheitlichen KPD klar vollzogen und seine Partei vor jeder Versuchung gerettet, dem Weg Otto Grotewohls zu folgen und mit der KPD zu verschmelzen! Gerade weil er nach Osten unnachgiebig blieb, zu einer Zeit, als christdemokratische Politiker noch auf eine Zusammenarbeit mit den Beherrschern der sowjetischen Besatzungszone vertrauten, glaubte er, stets seine Unabhängigkeit den westlichen Besatzungsmächten gegenüber beweisen zu müssen. Dabei übersah er, daß die Wählerschaft die Beschützer Berlins, die Geburtshelfer des neuen deutschen Staates, die Spender der Marshall-Hilfe mehr als Freunde denn als Gegner empfanden. Noch im Mai 1952, als es darum ging, den Vertrag zur Europäischen Verteidigungsgemeinschaft mit einer Umwandlung des Besatzungsstatuts zu verbinden, verkündete er schroff: »Wer diesem Generalvertrag zustimmt, hört auf, ein guter Deutscher zu sein.«

Dazu kam seine Art, potentielle SPD-Wähler durch andere Härten abzuschrecken: die Härte eines auf gelenkte Wirtschaft erpichten Sozialismus zu einer Zeit, in der das »Wunder der Währungsreform« die Befreiung der Wirtschaft von Lenkungszwängen zu rechtfertigen schien; die Härte einer zur Schau getragenen Ablehnung der katholischen Kirche, was es den dem Sozialismus verbundenen Katholiken schwer machte, für die SPD zu werben und Adenauer zu untersagen, alle katholischen Stimmen für sich in Anspruch zu nehmen. Und da Kurt Schumacher 1949 Kanzler und nur Kanzler werden wollte, war eine »Große Koalition« zwischen CDU und SPD von vornherein ausgeschlossen, wohingegen eine Regierungsbeteiligung der SPD unter der Leitung der konzilianten »Landesväter«, wie Ernst Reuter in

Deswegen habe ich keine Geduld und keine Nachsicht mit der politischen Apathie von Christen, die in einer gefährlichen Welt mit dieser argen Welt nichts zu tun haben wollen (…) oder gar mit jenen, die meinen, das wichtigste sei, sich ein Schatzkästlein im Jenseits zu sammeln.
KURT GEORG KIESINGER

53

Berlin, Max Brauer in Hamburg, Hinrich Kopf in Niedersachsen, Wilhelm Kaisen in Bremen, nicht ausgeschlossen gewesen wäre. Schumacher erleichterte somit Adenauers Vorhaben, eine klare Trennung von der als Feind dargestellten SPD durchzuführen.

Als dann 1952 der ihm so nützliche Gegner starb, wurde dem Kanzler ein neues Glück vergönnt: Erich Ollenhauer war zwar offener, toleranter als sein Vorgänger, aber zugleich in Wahlkämpfen und in der Tagespolitik recht farblos. Und die SPD-Werbung tat wirklich nichts, um ihm mehr Farbe zu geben. Als 1955 ein Karikaturenband über den Kanzler erschienen war, der indirekt für Adenauer Reklame machte, meinte die SPD, das Prestige ihres Vorsitzenden mit einem Band »Ollenhauer in der Karikatur« heben zu können, aber das Buch machte ihn nur lächerlich; das letzte Bild zeigte ihn unbekleidet und wohlbeleibt auf einer Wiese, Gott Marx anflehend: »O Herr, gib mir eine politische Idee, denn die Bundestagswahlen sind nahe herbeigekommen, und mir grauset!« Daher Witze in den fünfziger Jahren wie: »Ist das Leben dir zu sauer/Wähl den Ollen, wähl den Ollen, wähl den ollen Adenauer!«

Um die SPD Kurt Schumachers als Gefahr und Feind darzustellen, hatte Adenauer 1949 und 1953 Ludwig Erhard und seine Wirtschaftspolitik nachhaltig gelobt und für seine eigene Politik beansprucht. Als sich aber die Nachfolgerfrage immer eindringlicher stellte, zeigte sich Adenauer bis zu seinem Sturz 1963 als ständiger, hartnäckiger, manchmal listiger, manchmal aggressiver Gegner der Kandidatur desselben Ludwig Erhards. 1959 wurde der Kanzler überraschend – und vorübergehend – Kandidat für die Nachfolge von Theodor Heuss als Bundespräsident, weil er die Macht des Amtes überschätzte und glaubte, so dem Wirtschaftsminister den Zugang zum Kanzleramt untersagen zu können. Warum diese Haltung, die Erhard unendlich geschadet hat? Ein Grund war gewiß die Furcht vor dem Rivalen: Im Juni 1959 zeigte eine Emnid-Umfrage, daß nur noch 32 Prozent Adenauer als Kanzler weiter behalten wollten, während 51 Prozent eine Kanzlerschaft Erhards befürworteten. Da sich Erhard gegen Adenauers Angriffe schlecht verteidigte, verlor er an Respekt, und 1961 konnte sich Adenauer zum vierten Mal zum Kanzler wählen lassen. Ein anderer Grund jedoch war die echte Überzeugung, daß Erhard ein schlechter Kanzler sein würde. Ein paar Tage vor der Umfrage war ein Interview Adenauers mit der amerikanischen Journalistin Flora Lewis erschienen. Darin hieß es:

»– Glauben Sie, daß die Kontinuität der deutschen Politik gefährdet gewesen wäre, wenn Herr Erhard Bundeskanzler geworden wäre?

Man kann einen Rechtsstandpunkt
aggressiv vertreten oder man kann ihn so vertreten, daß man
darauf vertraut, daß sich bei gutem Willen und bei einer Besserung
der Beziehungen gemeinsame Lösungen finden lassen.
KURT GEORG KIESINGER

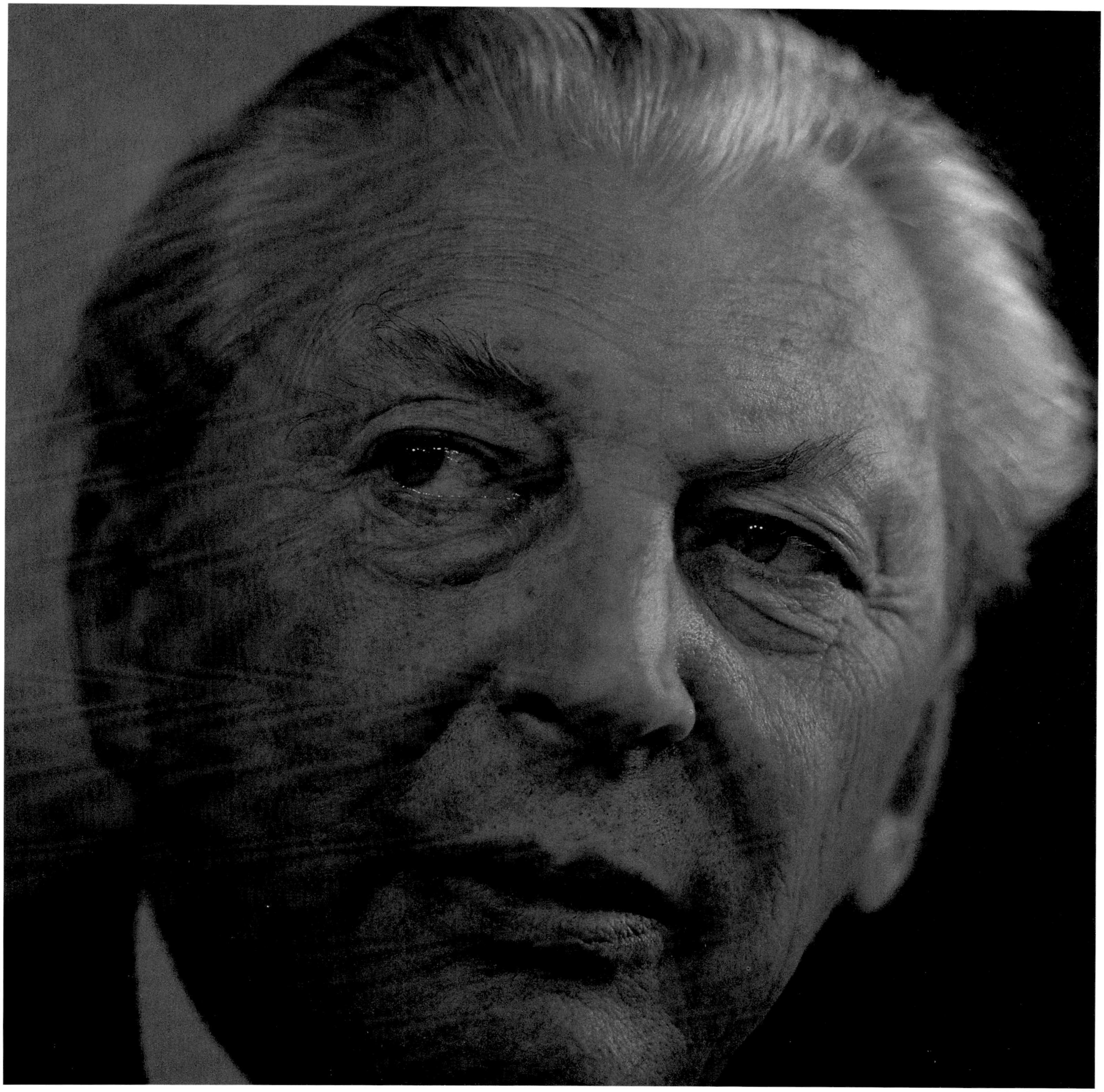

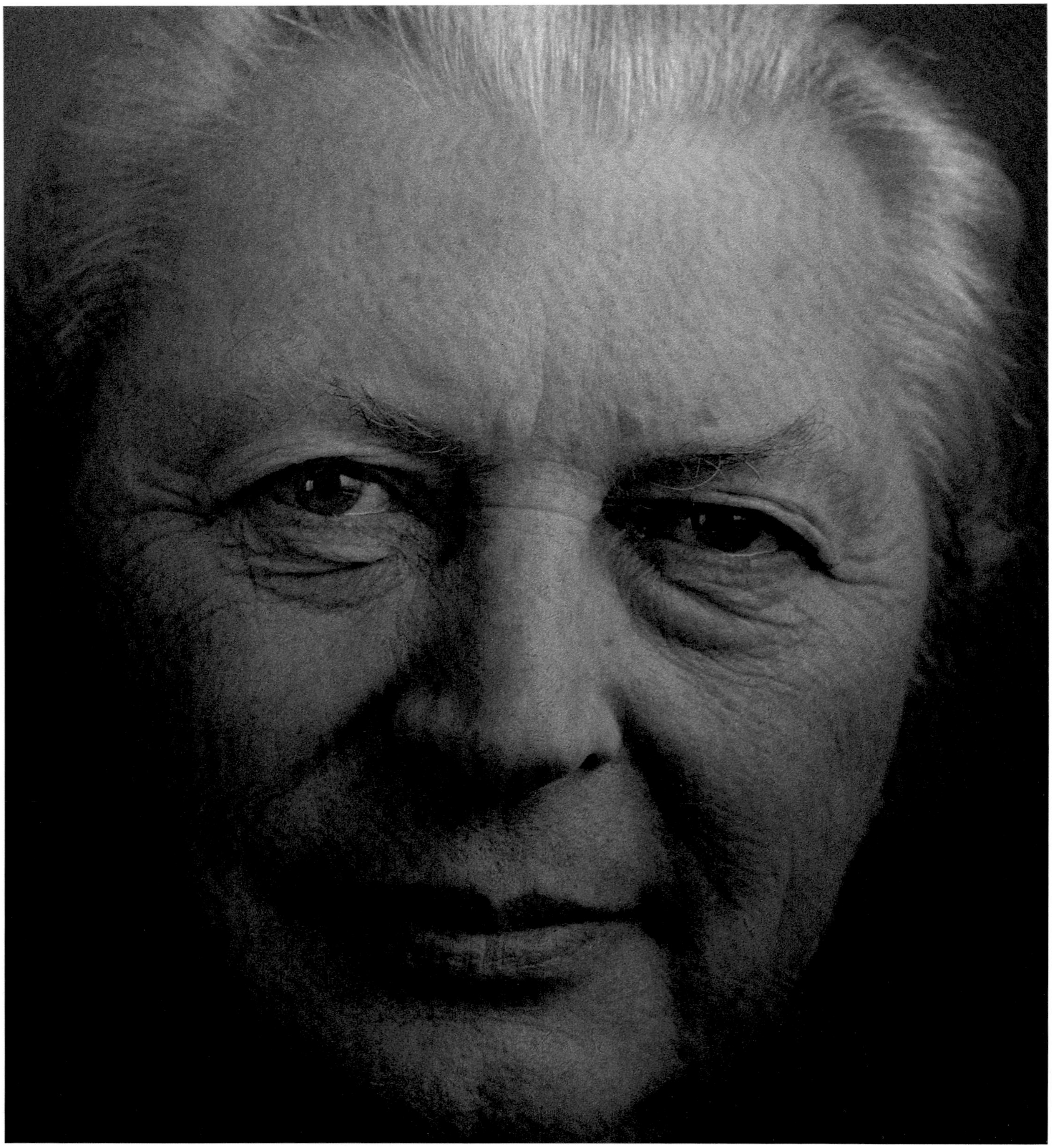

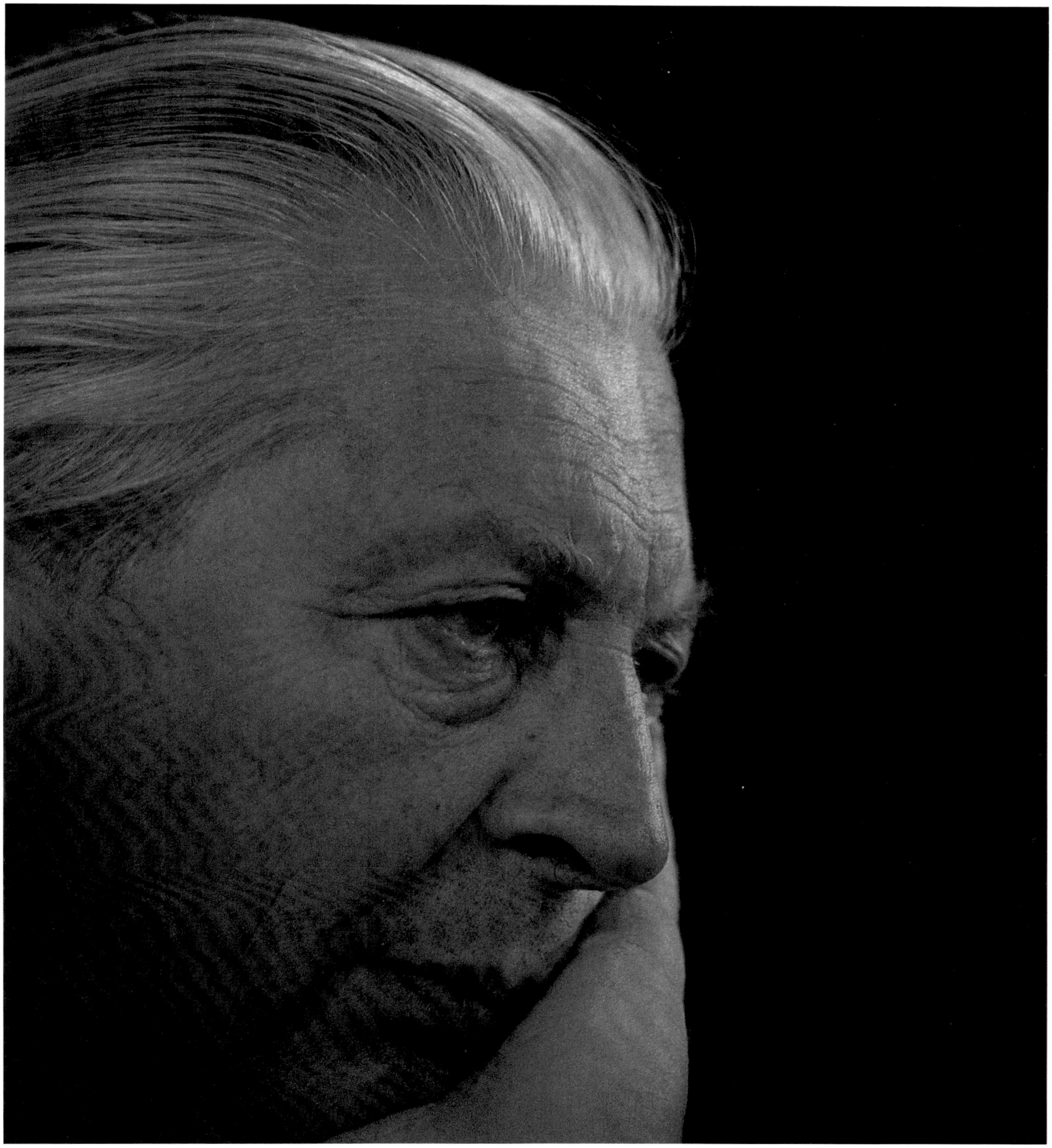

– Es kann einer auf wirtschaftlichem Gebiet sehr gut sein und ein ausgezeichneter Wirtschaftsminister, ohne daß derselbe Mann auf politischem Gebiet ebenso erfahren ist und ein ausgezeichneter politischer Minister, namentlich außenpolitisch, zu sein braucht (...) Wenn man heute von mir verlangen würde, ich sollte Wirtschaftsminister sein, würde ich das ablehnen und sagen, das kann ich nicht, davon verstehe ich nichts (...)«

Als dann Ludwig Erhard 1963 doch Kanzler wurde, stellte sich bald die Frage, inwiefern seine Schwächen der jahrelangen Demontage durch Adenauer zuzuschreiben waren und inwiefern dessen Befürchtungen und Beurteilungen nicht weitgehend gerechtfertigt gewesen waren, wobei offenblieb, ob die Schwachstellen der Erhard-Regierung wirklich nur an der Person des Kanzlers hingen.

Kann man, muß man da einen Vergleich ziehen mit der Bekämpfung Helmut Kohls durch Franz Josef Strauß? Es bleibe dahingestellt, ob und inwiefern ein Teil der Kritik des CSU-Vorsitzenden an dem Führungsstil von Helmut Kohl und an seinem Kanzler-Potential im Rückblick gerechtfertigt waren. Sein eigener Stil war jedenfalls verheerend, und er schwächte sich dabei eher noch mehr als daß er Helmut Kohl demontierte, insbesondere weil seine Ausbrüche vor seinen politischen Freunden in den Spalten der Zeitschrift »Der Spiegel« landeten. Bereits in seiner Sonthofener Rede im November 1974 hatte er seinen harten politischen Kurs recht zynisch dargestellt: »Da muß man die anderen immer identifizieren damit, daß sie den Sozialismus und die Unfreiheit repräsentieren, daß sie das Kollektiv und die Funktionärsherrschaft repräsentieren und daß ihre Politik auf die Hegemonie der Sowjetunion über Westeuropa hinausläuft.« Zwei Jahre später ging es viel härter gegen den soeben knapp geschlagenen Kandidaten Kohl. Kurz nach dem am 19. November 1976 in Wildbad Kreuth gefaßten Beschluß der CSU-Landesgruppe des Bundestags, die Fraktionsgemeinschaft mit der CDU nicht fortzusetzen, nannte Franz Josef Strauß, in einer Rede vor dem Landesausschuß der Jungen Union, seine politischen Freunde »politische Pygmäen der CDU«, »Zwerge in Wcestentaschenfcormcat« und sagte über Helmut Kohl: »Er ist total unfähig, ihm fehlen die charakterlichen, die geistigen und die politischen Voraussetzungen. Ihm fehlt alles dafür... Und glauben Sie mir eines, der Helmut Kohl wird nie Kanzler werden, der wird mit 90 Jahren die Memoiren schreiben: ›Ich war 40 Jahre Kanzlerkandidat‹.« Damit wurde klar, daß die Angriffe gegen Helmut Kohl, die auch von Strauß-Gegnern benutzt werden konnten, die wiederum über den

CDU-Vorsitzenden ungefähr das gleiche schrieben, was Strauß über ihn sagte – so »Spiegel« und die Zeitschrift »Stern« – den Weg zu einer Kandidatur des bayerischen Politikers bereiten sollten.

Diese Kandidatur verwirklichte sich dann auch bei der Bundestagswahl 1980. Helmut Schmidt kam sie sehr gelegen, denn die zerstrittene SPD einigte sich rasch gegen Strauß und es gelang, gegen diesen viele junge SPD-Militante und -Sympathisanten für den Wahlkampf zu mobilisieren, während vor allem in Norddeutschland mancher CDU-Wähler vom lautstarken CSU-Kandidaten abgestoßen wurde. Am 3. Oktober 1976 hatte die CDU/CSU mit Kohl 48,6 Prozent der Wählerstimmen erhalten. Am 5. Oktober 1980 ging dieser Prozentsatz, mit dem Kandidaten Strauß, auf 44,5 Prozent zurück. Gewiß war in der Zwischenzeit die Popularität des Bundeskanzlers Helmut Schmidt enorm gestiegen. Aber Strauß ist dennoch für ihn ein guter Wahlhelfer gewesen.

Allerdings hatte sich derselbe Strauß doch einmal als »Königmacher« und nicht als Königzerstörer erwiesen, und zwar 1966. Als Ludwig Erhard unter allgemeinem Beschuß stand – von seiten der FDP, von Adenauer, von vielen Parteifreunden –, gab es schließlich, am 10. November, eine Abstimmung innerhalb der gemeinsamen Bundestagsfraktion CDU/CSU, die folgendermaßen ausfiel:

	Wahlgang		
	1	2	3
Rainer Barzel	56	42	26
Walter Hallstein	14	3	-
Kurt Georg Kiesinger	97	118	137
Gerhard Schröder	76	80	81

Die absolute Mehrheit, bei einer Fraktionsstärke von 251, war 126. Die Abstimmung war an sich geheim, aber Franz Josef Strauß hatte unverblümt verkündet, daß die 49 CSU-Abgeordneten geschlossen für Kurt Georg Kiesinger stimmen würden, was den Sieg eines der anderen Kanzlerkandidaten beinahe unmöglich machte.

KANZLERDEMOKRATIE? PARTEIENSTAAT?

Es ist kaum angebracht, frei nach Wilhelm Busch zu sagen: »Kanzler werden ist nicht schwer/Kanzler sein dagegen sehr.« Der Weg zum Kanzleramt mag recht steinig sein. Konrad Adenauer hat sich 1948/49 mit Umsicht, Energie und auch List als einzig möglicher Regierungschef im Falle eines Sieges der CDU/CSU über die SPD hervorgearbeitet.

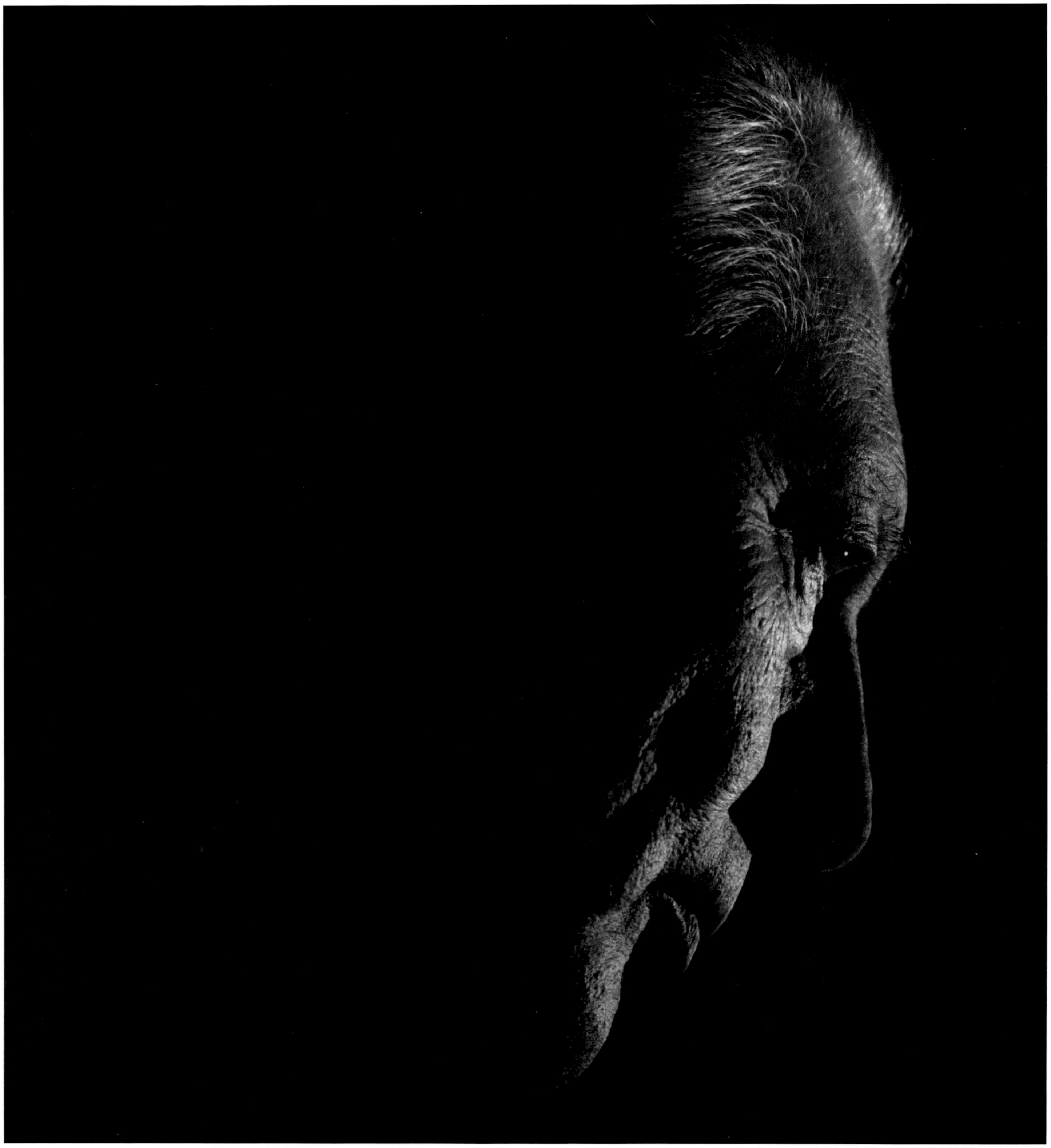

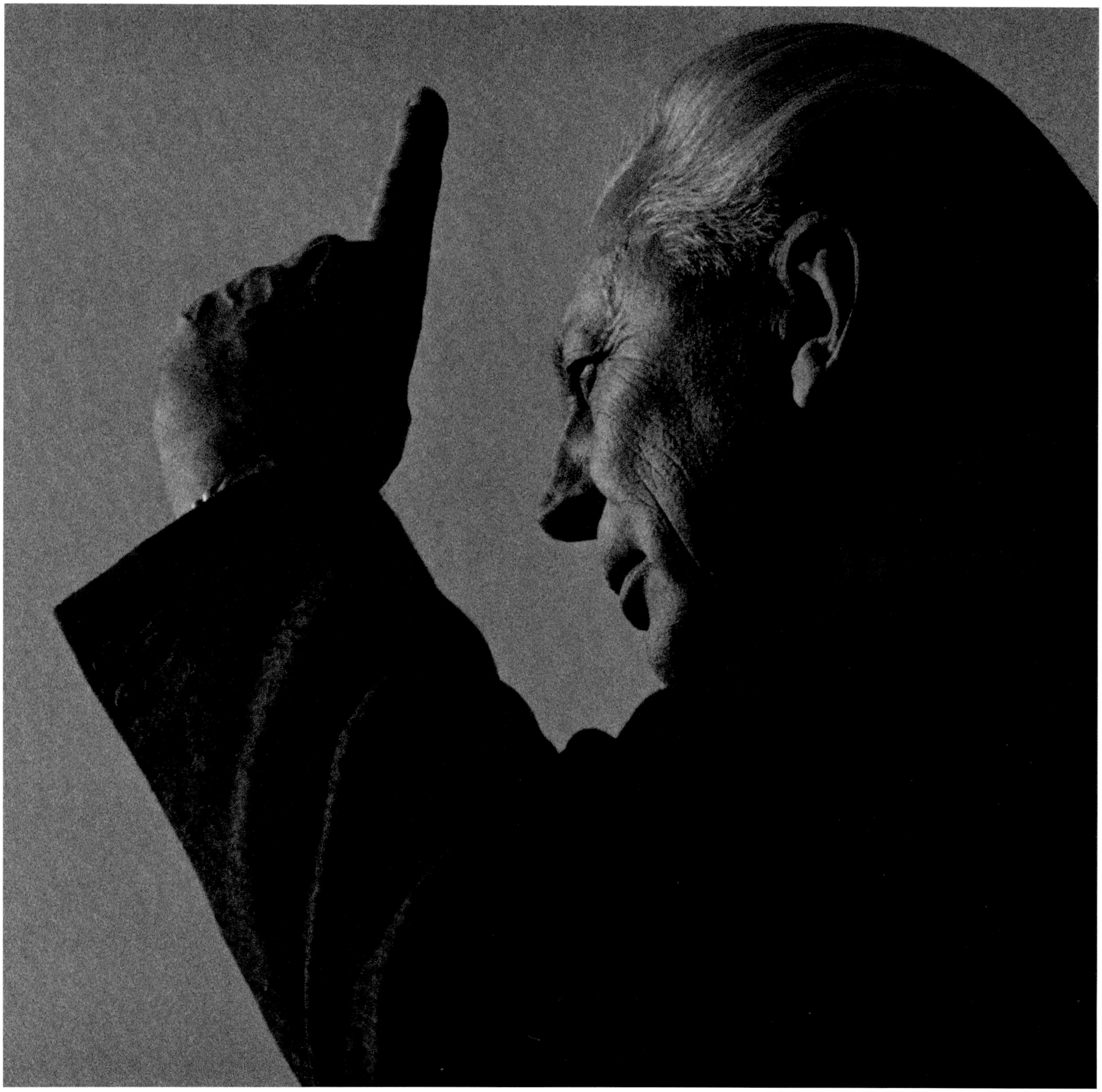

Ludwig Erhard erreichte das Kanzleramt beinahe verschlissen und erschöpft. Kurt Georg Kiesinger wurde wegen Erhards Scheitern in aller Eile als Kompromißkanzler gekürt. Dies in einem doppelten Sinn: Kompromiß unter den Christdemokraten und Kompromiß mit der SPD zur Bildung einer großen Koalition. Kiesinger war für letzteres zugleich ein ungeeigneter und geeigneter Kandidat: in Stuttgart hatte er mit der FDP regiert, obwohl es zuvor eine Allparteienregierung mit der SPD gegeben hatte; aber zugleich galt er doch in deren Augen als offen, tolerant, konziliant.

Willy Brandt war 1961 Kanzlerkandidat der SPD geworden, weil sich Ollenhauer mit bewundernswerter Selbstlosigkeit und Loyalität damit abfand, daß ihm die nötige Ausstrahlungskraft fehlte und ein jüngerer, fernsehgerechterer Kanzlerkandidat aufgebaut werden sollte, besonders zur Zeit des Jugend und Zuversicht ausstrahlenden John F. Kennedy. Brandt erlitt aber dann doch zwei Niederlagen, obwohl er seiner Partei ermöglichte, die Schwelle der 30 Prozent (1957 31,8 Prozent) zu verlassen und die Vierzig-Prozent-Schwelle zu streifen (1961 36,2 Prozent, 1965 39,3 Prozent). Als Bundesaußenminister und Vizekanzler der Großen Koalition ging er in den Wahlkampf 1969, der mit 42,7 Prozent für die Sozialdemokraten endete. Damit lag die SPD immer noch hinter den Christdemokraten, so daß Brandt nur Kanzler werden konnte, weil die recht angeschlagene FDP (von 9,5 auf 5,8 Prozent gesunken – obwohl sie die einzige parlamentarische Oppositionspartei gegen die Große Koalition war) sich einen neuen großen Verbündeten auswählte.

Helmut Schmidt war zwar im Februar 1962 bundesweit berühmt geworden, als er nach der bekannten Hamburger Flutkatastrophe als Innensenator die Entscheidungsgewalt über Verwaltung, Polizei, Feuerwehr, Bundeswehr in die Hand genommen und vorbildlich benutzt hatte. Da er in der Bundesrepublik und im Ausland als Experte in Verteidigungsfragen bekannt geworden war, hätte er unbestritten in der Großen Koalition das Verteidigungsministerium übernehmen können, wenn es nicht notwendig gewesen wäre, dieses Ressort der CDU zu überlassen, nachdem die SPD bereits das Auswärtige Amt erhalten hatte. So wirkte er als Fraktionsvorsitzender, der zusammen mit seinem CDU-Kollegen Rainer Barzel die parlamentarische Stütze und auch Lenkstelle der Koalition bildete. Unter Willy Brandt dann doch Verteidigungsminister, übernahm er im Juli 1972 das Doppelressort Wirtschaft und Finanzen und wurde somit der mächtigste Mann im Kabinett nach, oft neben, manchmal vor dem Kanzler, den er dann nach dessen von ihm in gewissem Maße mitbewirkten Sturz ersetzte.

Brandts Rücktritt war der dritte, der nicht durch eine Wahlniederlage verursacht war. Hatte er doch gerade anderthalb Jahre davor, am 19. November 1972, die SPD zum ersten (und bisher letzten Male) zur stärksten Partei gemacht, mit 45,9 Prozent der Stimmen gegen 44,8 Prozent für die CDU/CSU! Er war als Bundeskanzler teils durch eigene Schwäche, teils wegen Befeindungen innerhalb der eigenen Partei gescheitert. Konrad Adenauer hatte sich lange vergeblich von seinen Parteifreunden beschwören lassen, doch einem jüngeren Nachfolger den Platz zu übergeben, bevor er dann nach hartnäckigem Widerstand dem Druck wich und somit das Lebenselixier der Macht einbüßte, obwohl er noch bis 1966 Parteivorsitzender blieb. Als solcher tat er nichts, um seinem Nachfolger zu helfen. Kurt Georg Kiesinger ist der erste gewesen, der 1969 nach einer Wahl aus dem Kanzleramt scheiden mußte, bei der immerhin die Christdemokraten mit 46,1 Prozent gut abgeschnitten hatten, so daß Kiesinger sich einige Stunden lang als Sieger fühlen durfte, bevor klar wurde, daß Willy Brandt und Walter Scheel sich verbündet hatten.

Helmut Schmidt ist gestürzt, weil zum ersten Mal das bis dahin zu Unrecht berühmte »konstruktive Mißtrauensvotum« auf Bundesebene wirkungsvoll wurde. 1972 hätte es wohl Rainer Barzel ins Kanzleramt gebracht, wenn jeder CDU-Abgeordnete allen Versuchungen widerstanden hätte. So gab es ein Unentschieden, das zum völligen Sturz des Beinahe-Kanzlers führte: Barzel verlor dann – wegen einer fehlenden Stimme – den Parteivorsitz und die Möglichkeit, von seiner Partei als Kandidat aufgestellt zu werden. Am 1. Oktober 1982 verkündete Bundestagspräsident Stücklen:

»Von den voll stimmberechtigten Abgeordneten wurden insgesamt 495 Stimmen abgegeben. Von diesen abgegebenen Stimmen waren 495 gültig. Mit Ja haben 256 Abgeordnete gestimmt. (Langanhaltender lebhafter Beifall bei der CDU/CSU und Beifall bei der FDP – Die Abgeordneten der CDU/CSU erheben sich …). 235 Abgeordnete haben mit Nein gestimmt, vier Abgeordnete haben sich der Stimme enthalten. Die Berliner Abgeordneten haben wie folgt gestimmt. Abgegebene Stimmen: 21; mit Ja haben 11 Abgeordnete, mit Nein 10 Abgeordnete gestimmt (…).

Damit ist der Antrag der Fraktionen CDU/CSU und FDP nach Art. 67 des Grundgesetzes mit der erforderlichen absoluten Mehrheit der Mitglieder des Bundestages angenommen. Ich stelle fest, der Abgeordnete Dr. Helmut Kohl ist zum Bundeskanzler der Bundesrepublik Deutschland gewählt.(Anhaltender, lebhafter Beifall bei der CDU/CSU und Beifall bei der FDP).

Ich frage Sie, Herr Dr. Kohl, nehmen Sie die Wahl an?

Dr. Kohl (CDU/CSU): Herr Präsident, ich nehme die Wahl an.«

Das Protokoll dieser Sitzung sollte eigentlich jeder in vollem Text lesen, so spannend und lehrreich ist die Lektüre. Helmut Schmidt hatte sich auf seinen Wahlsieg 1980 berufen und auf den damaligen Wahlkampf der FDP, dessen Vorsitzender auf ihrem Wahlparteitag erklärt hatte: »Wer FDP wählt, garantiert, daß Schmidt Bundeskanzler bleibt!« Aber er sprach auch der neuen Mehrheit die Legitimität ab, weil der Wähler nicht befragt worden war, worauf Wolfgang Mischnick, Fraktionsvorsitzender der FDP, antworten konnte:

»Herr Bundeskanzler, Sie haben als Vorsitzender der SPD-Fraktion in einer Antwort auf meine Rede, die ich im Dezember 1966 zur Regierungserklärung der Großen Koalition hier zu halten hatte, wörtlich gesagt: ›Es war das Parlament, das aus sich heraus die neue Regierung geschaffen hat. Ein Beweis für die Funktionstüchtigkeit des Deutschen Bundestages!‹ (...) Helmut Schmidt hat seinerzeit auch den damaligen Bundeskanzler Kiesinger zustimmend zitiert und wörtlich gesagt, ›die gegenwärtige Regierung sei nicht aus einem glänzenden Wahlsieg hervorgegangen, sondern aus einer von unserem Volke mit tiefer Sorge verfolgten Krise‹.«

Diese Bundestagsdebatte allein genügt, um zu zeigen, daß jede Frage nach Macht und Ohnmacht, nach Werden, Wirken und Weggang von Bundeskanzlern mit dem Parteiensystem der Bundesrepublik und mit ihrem institutionellen System schlechthin eng verbunden ist.

Als de Gaulle 1958 an die Macht zurückkam, wurde eine gaullistische Partei gegründet, die als einzigen Zweck hatte, den Regierungs- und dann Staatschef zu unterstützen und seine Ideen als Ideen der Partei zu verbreiten. Das war ein Ausnahmefall: Im allgemeinen ist zuerst die Partei da, und erst durch sie erreicht man die Macht; das galt für Churchill wie für Stalin, für Kennedy wie für Margaret Thatcher. In der Geschichte der Bundesrepublik nehmen die wechselreichen Beziehungen zwischen den Kanzlern und ihrer Partei einen wichtigen Platz ein. Manchmal allerdings kommt dem Verhältnis des Kanzlers zu anderen Regierungsparteien eine größere Bedeutung zu.

Konrad Adenauer hat während seiner ganzen langen Kanzlerzeit auch den Parteivorsitz innegehabt. Er hat auch das – von ihm gewollte und sorgfältig überwachte – Glück genossen, über treue, ergebene Fraktionsvorsitzende zu verfügen, Heinrich von Brentano, dann Heinrich Krone, dann wieder Brentano, beide klug, besonnen, bis zur Selbstaufopferung selbstlos, wobei Krone von Adenauer mehr als ebenbürtiger Freund behandelt wurde als der oft in schroffem Stil befehligte Brentano. Das soll jedoch nicht heißen, daß Adenauer mit Partei und Fraktion immer gut ausgekommen sei. Zwar war sich die CDU bewußt, daß ihre Wahlsiege weitgehend der Persönlichkeit Adenauers zuzuschreiben waren, was die öffentliche Kritik verhinderte. Aber im Parteiapparat gab es ein ständiges Murren wegen des Selbstverständnisses Adenauers als Kanzler, der den Parteivorsitz als Mittel betrachtete, das Machtinstrument CDU zu kontrollieren und zu benutzen. Die Fraktion ihrerseits ist oft besorgt, manchmal aufsässig und am Schluß sogar aufständisch gewesen, besonders wenn Adenauer Ludwig Erhard schlecht behandelte: Die Fraktion war dem Wirtschaftsminister zugetan; einerseits weil er neben dem Kanzler eine erfolgreiche »Wahllokomotive« darstellte, andererseits weil die Mehrheit der CDU-Abgeordneten bei Wirtschafts- oder Europafragen auf der Seite des Mannes stand, den sie als zukünftigen Kanzler betrachtete.

So hat der Kanzler manchmal in wichtigen Fragen einlenken und nachgeben müssen.

Aber Erhard hat es versäumt, sich eine Machtposition in Partei und Fraktion aufzubauen. Als er im März 1966 endlich Parteivorsitzender wurde, war es zu spät. Adenauer war 1963 gegangen, weil es ihm seine Partei schließlich auferlegt hatte. Dabei blieb ihm wenigstens die Verehrung und der Ruhm. Im Herbst 1966 behandelte die Partei »ihren« Kanzler Ludwig Erhard, als existiere er gar nicht mehr, so daß die »Süddeutsche Zeitung« ironisch darauf hinwies, daß es noch einen Kanzler gebe; und der »Stern« veröffentlichte eine Glosse, »Persilscheinstelle« betitelt, in der CDU-Mitglieder Dinge sagten wie »Ich habe Erhard nie gesehen, höchstens zweimal die Hand gedrückt. Ich war immer dagegen, vor allem innerlich…« In den achtziger Jahren haben dann manche Kommentatoren und viele Bürger die Kanzlerschaft von Helmut Kohl mit der von Ludwig Erhard verglichen, weil sie Helmut Schmidts Nachfolger als ähnlich ungenügend betrachteten wie ehemals den Nachfolger Adenauers. Dabei übersahen sie jedoch mindestens einen wesentlichen Unterschied: Helmut Kohl war bereits Herr der Partei, als er Kanzler wurde, und hat dann als deutscher Bundeskanzler den Parteiapparat fest in der Hand behalten.

Bei den SPD-Kanzlern ist das Problem des Machtdreiecks Kanzler/Partei/Fraktion noch viel schwerwiegender gewesen. In dem erst 1987 bekanntgewordenen Brief, den Helmut Schmidt im Juli 1985 an Johannes Rau geschrieben hatte, um ihm abzuraten, Kanzlerkandidat zu werden, hieß es: »Falls Du doch schließlich meinst, nachgeben zu sollen, nur unter der Voraussetzung, daß zugleich Willy Brandt Dich zum Parteivorsitzenden vorschlägt, zu wählen auf dem gleichen Parteitag, auf dem der Kanzlerkandidat gekürt wird. Denn Vogel und Rau mögen zwar genausogut zusammengehen wie seinerzeit Wehner und Schmidt, aber drei politische Entscheidungszentren in einer Partei – das geht nicht gut. Ich weiß dies aus eigener Erfahrung.«

Willy Brandt, Kanzler und Parteivorsitzender, hat viel an Macht dem Fraktionsvorsitzenden Herbert Wehner gegenüber verloren, als er nach dem Wahltriumph 1972 aus Gesundheits-, aber auch aus Charaktergründen die Regierungsbildung zur parteiinternen Auseinandersetzung werden ließ. Helmut Schmidt hat nie den Parteivorsitz innegehabt, aber 1976 und noch mehr 1980 war er die bestmögliche Wahllokomotive, was die parteiinterne Opposition jedenfalls vorübergehend zur Zurückhaltung zwang. Diese Opposition war jedoch anderer Natur als die, der andere Kanzler begegnet waren. Der lokale Parteiapparat wurde in den siebziger Jahren immer mehr von jungen Intellektuellen erobert, denen Theorie und dogmatische Reinheit wichtiger waren als Wahlresultate. Diese ihrerseits hingen immer stärker von der Anziehungskraft ab, die die SPD auf die neue Protestgeneration ausüben konnte. Die Politik Helmut Schmidts lag weitgehend in der Schußlinie des Protestes, während der Parteivorsitzende Willy Brandt sich immer mehr den Standpunkten der Protestierenden näherte, teilweise um sie für die SPD ab- oder einzufangen, teilweise aus alter Überzeugung, teilweise als Folge einer persönlichen Wandlung, die nicht völlig von der Versuchung des alternden Mannes zu trennen war, sich den Gefühlen der Jugend anzupassen, um weiterhin von dieser geliebt und verehrt zu werden. Der Sturz Helmut Schmidts am 1. Oktober 1982 war somit nicht nur eine Folge des Umschwenkens der FDP: Der Parteiboden unter seinen Füßen hatte sich langsam ausgehöhlt.

Im Gegensatz zu Adenauer und Brandt hatte Helmut Kohl hart kämpfen müssen, um an die Spitze der Partei zu gelangen. Nicht gegen Kiesinger, den man im Dezember 1966 zum Parteivorsitzenden gemacht hatte, um sein Gewicht als Kanzler der Großen Koalition zu vergrößern: Kiesinger war kein richtiger Parteipolitiker, kein Apparatauf- und

Vor dem Denkmal für die im Warschauer Getto Umgekommenen kniete ich nieder. (...) Unter der Last der jüngsten Geschichte tat ich, was Menschen tun, wenn die Worte versagen; so gedachte ich der Millionen Ermordeter.
WILLY BRANDT

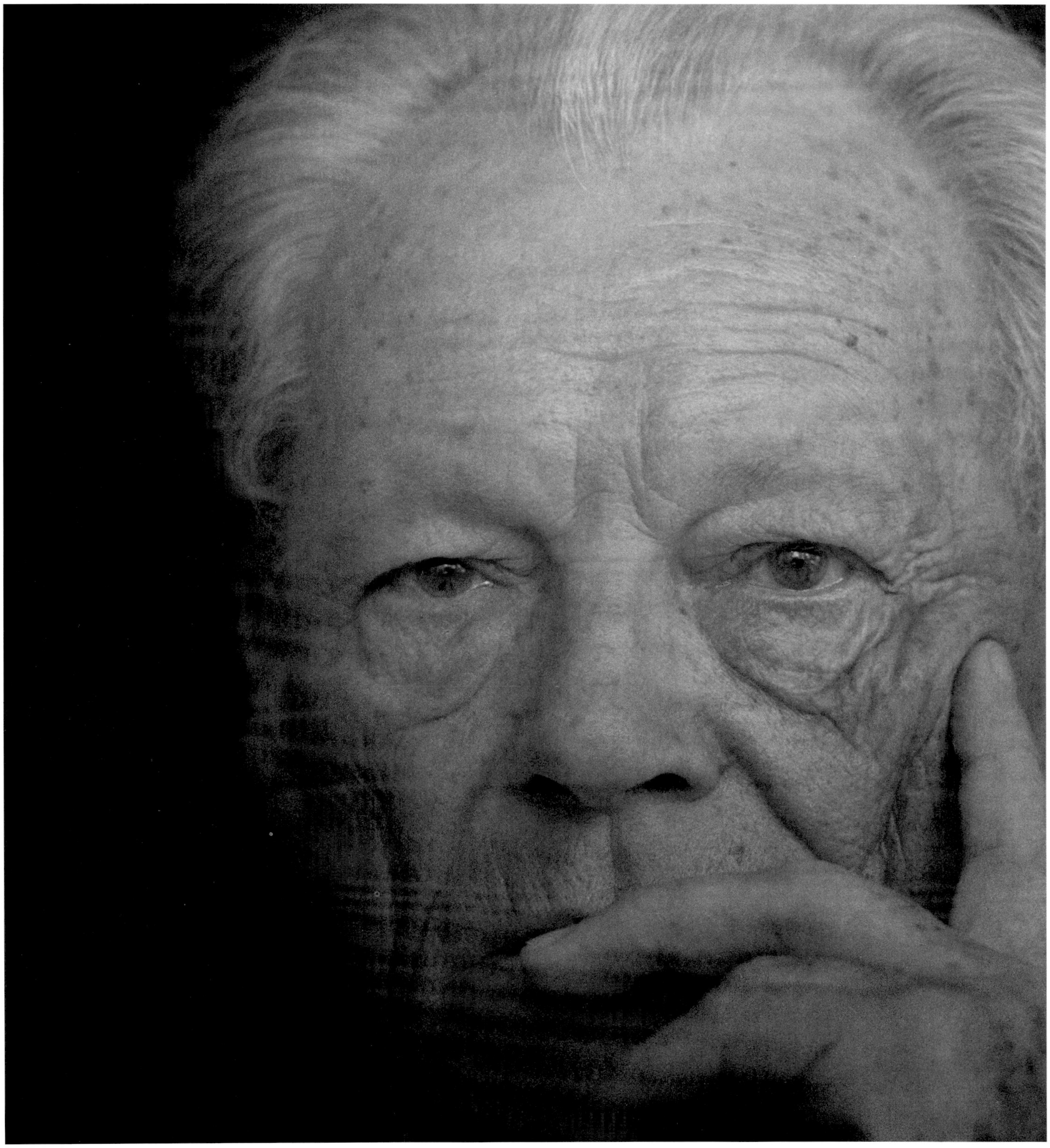

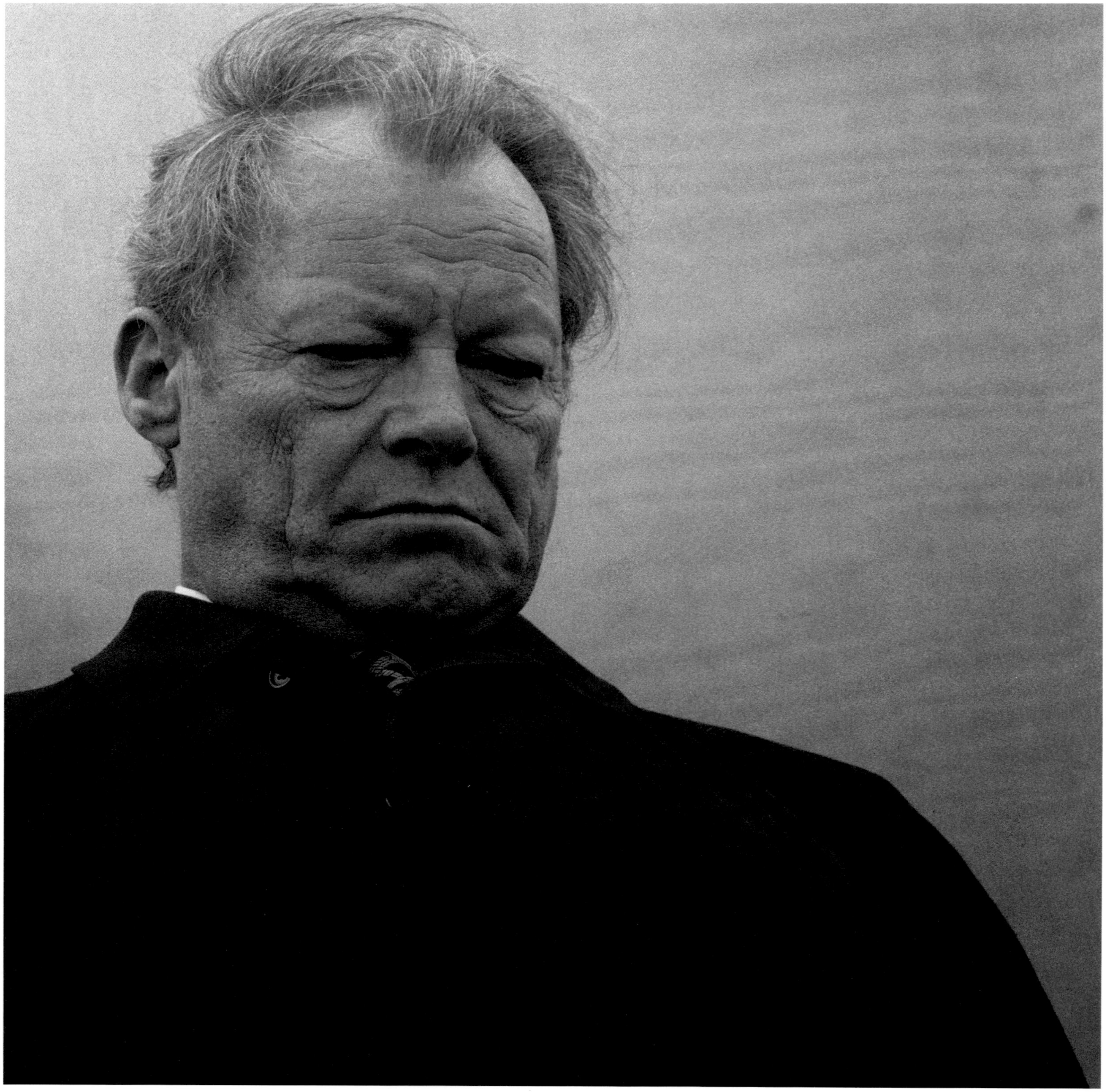

-ausbauer. Schon bei seiner Wiederwahl durch den Parteitag von Mainz im November 1969 war klar, daß ein Nachfolger gesucht war. Stand aber diese Nachfolge nicht Rainer Barzel zu, der ja seit 1964 ein effizienter Fraktionsvorsitzender war? Im Herbst 1971 wurde er auch Parteivorsitzender, dann Kanzlerkandidat und besetzte also die drei Eckpunkte des Dreiecks. Das Jahr 1972 erwies sich jedoch für ihn als verhängnisvoll. Im Januar 1973 kündigte Helmut Kohl, der vorher Barzel den Vortritt hatte lassen müssen, seine Kandidatur für den Parteivorsitz an. Im Mai verlor Barzel den Vorsitz der Fraktion an Karl Carstens, und am 12. Juni wurde der Ministerpräsident von Rheinland-Pfalz auf einem Sonderparteitag in Bonn mit 520 von 601 Stimmen Barzels Nachfolger an der Spitze der CDU. Daß Helmut Kohl es verstand, die Partei in seine Gewalt zu bekommen, wurde besonders offenbar, als 1977 der rheinland-pfälzische Sozialminister Heiner Geißler der Generalsekretär der CDU wurde. Und daß die Ausübung dieser Macht der Entwicklung der Partei diente, zeigte die ständig steigende Zahl der Mitglieder: 423 000 Ende 1972, 719 000 Ende 1982. Dabei war Helmut Kohl zugleich Fraktionsvorsitzender von 1976 bis 1982. Als er Kanzler wurde, trat etwas überraschend an seine Stelle – und auf seinen Wunsch – der ehemals gescheiterte Anwärter auf das Amt des Ministerpräsidenten in Hessen, der streitbar-konservative Alfred Dregger, der leichter durch den Kanzler zu lenken war als Wehner durch Brandt, aber doch schwerer als Brentano durch Adenauer.

Im Vergleich zu anderen Ländern sind die Parteien der Bundesrepublik reich – allein durch die Mitgliedsbeiträge und durch die staatlichen Gelder, die ihnen laut Gesetz zustehen. Da sie sich trotzdem als nicht reich genug empfanden, griffen sie recht bald zu illegalen Mitteln. Erst nach dem Bekanntwerden der heimlichen Verteilung großer Gelder durch Flick wurde im Dezember 1983 der Art. 21 des Grundgesetzes in seiner Tragweite verändert. Nun hieß es: Die Parteien »müssen über die Herkunft *und Verwendung* ihrer Mittel *sowie über ihr Vermögen* öffentlich Rechenschaft geben«. Da Helmut Kohl sich bereits als Ministerpräsident in Mainz viel direkter um die Parteifinanzen gekümmert hatte als seine Vorgänger im Kanzleramt, die solche Dinge einem Mitarbeiter (Otto Lenz bei Adenauer) oder dem Schatzmeister der Partei (Alfred Nau bei der SPD) überließen, befand er sich 1985 in der Schußlinie. Er war viel weniger belastet als die FDP-Politiker Lambsdorff und Friderichs, aber sein Prestige wurde gewiß nicht durch sein Auftreten vor den Untersuchungsausschüssen des Bundestags und des Landtags Rheinland-Pfalz gefördert. Und als er den Rechtsanwalt

*Durchbrechen wir also die Abgebrühtheit,
was die gefährdeten oder gar vom Untergang bedrohten Völker angeht.
Der Sinn muß geschärft bleiben für all das Elend,
das immer noch und immer wieder aus blindem Machtstreben und
skrupelloser Interessenvertretung erwächst.*
WILLY BRANDT

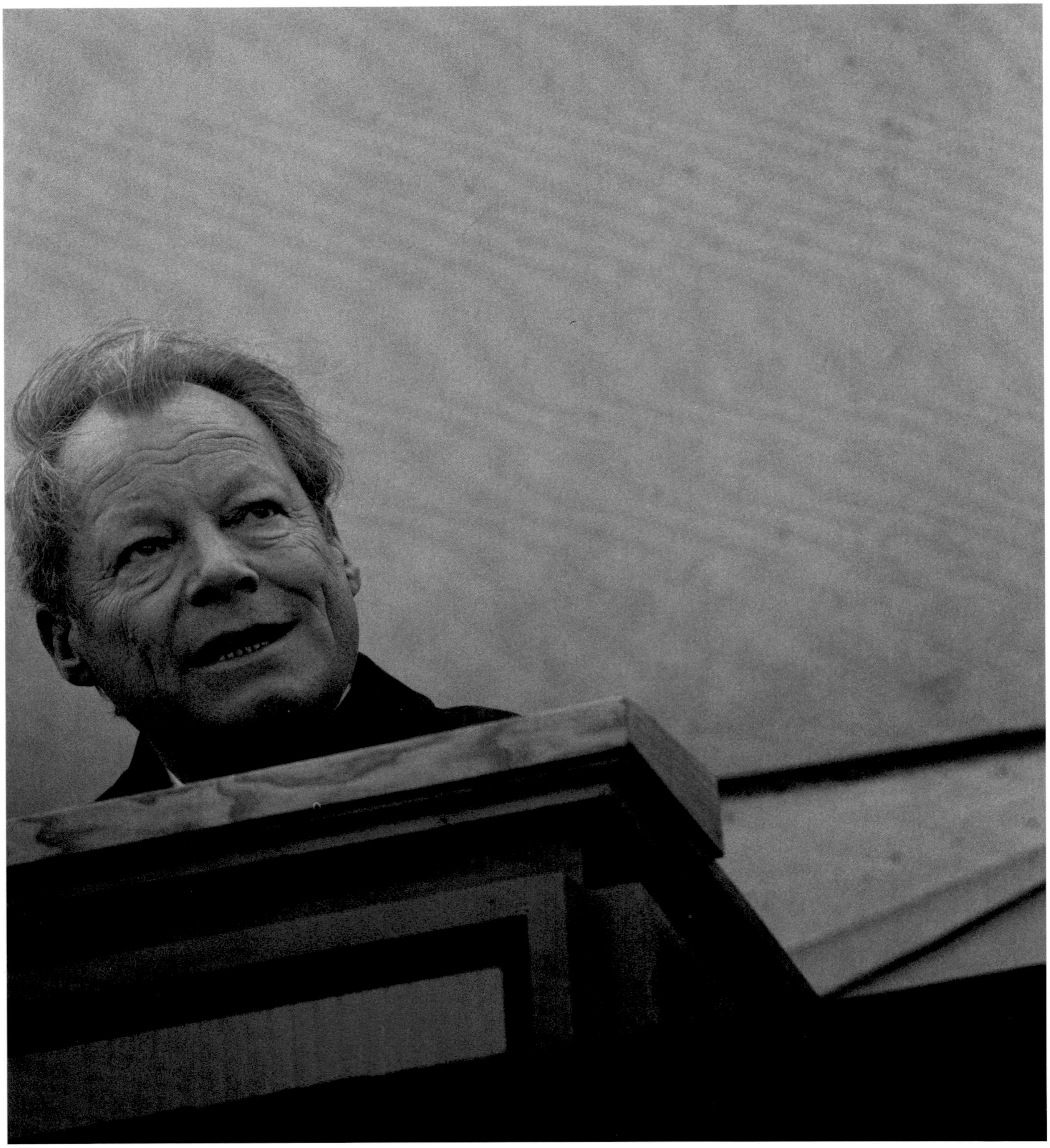

71

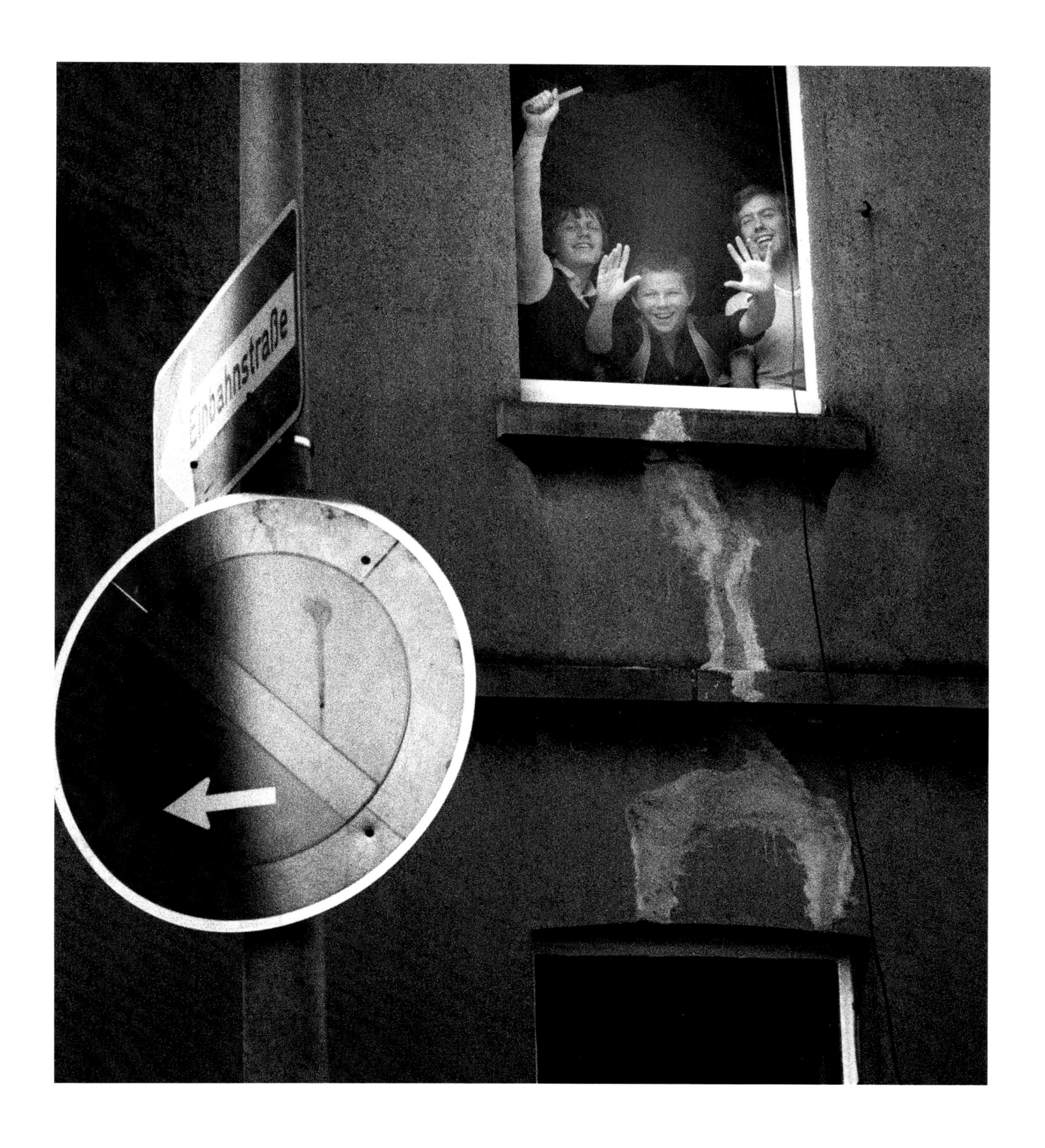

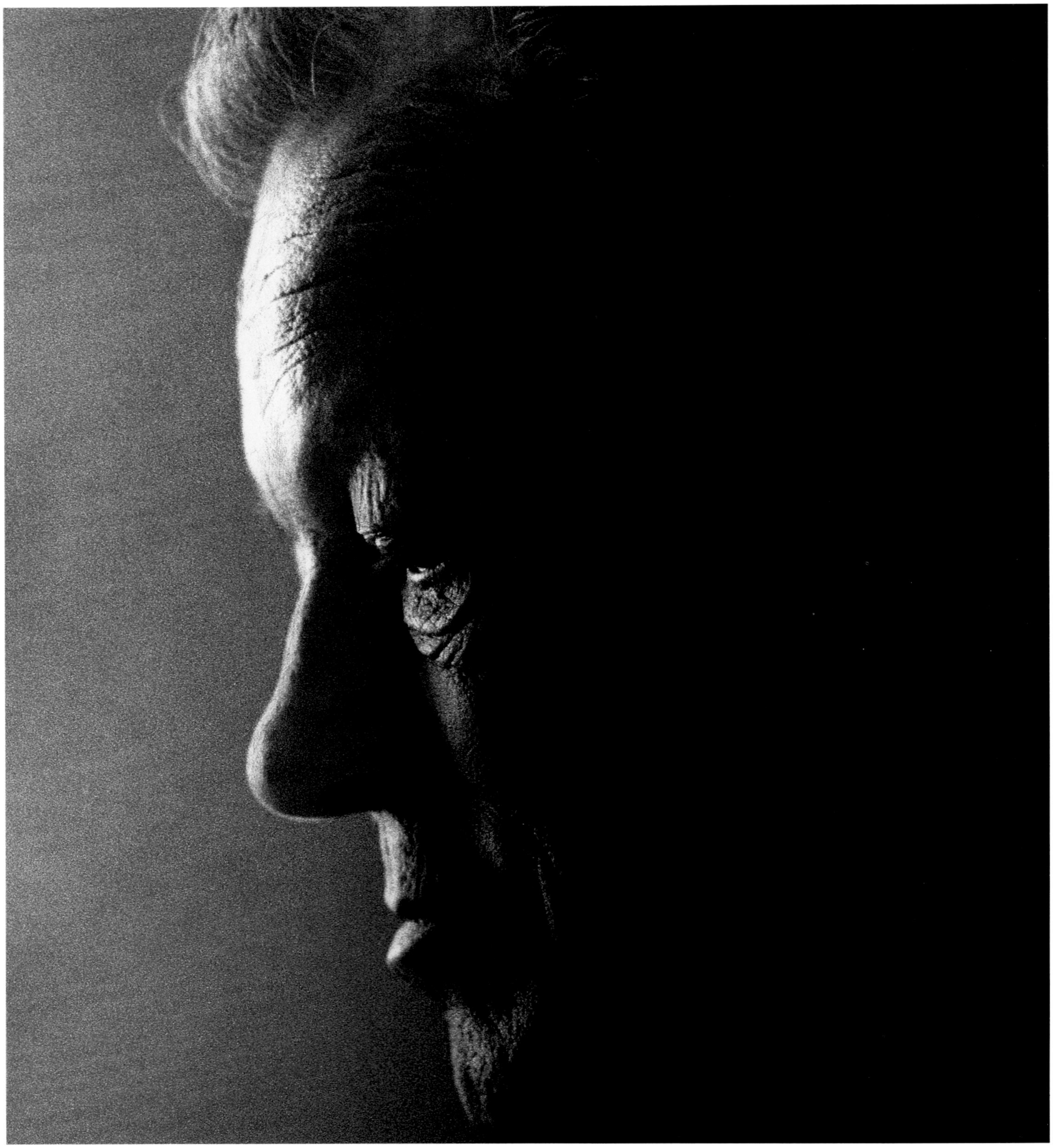

73

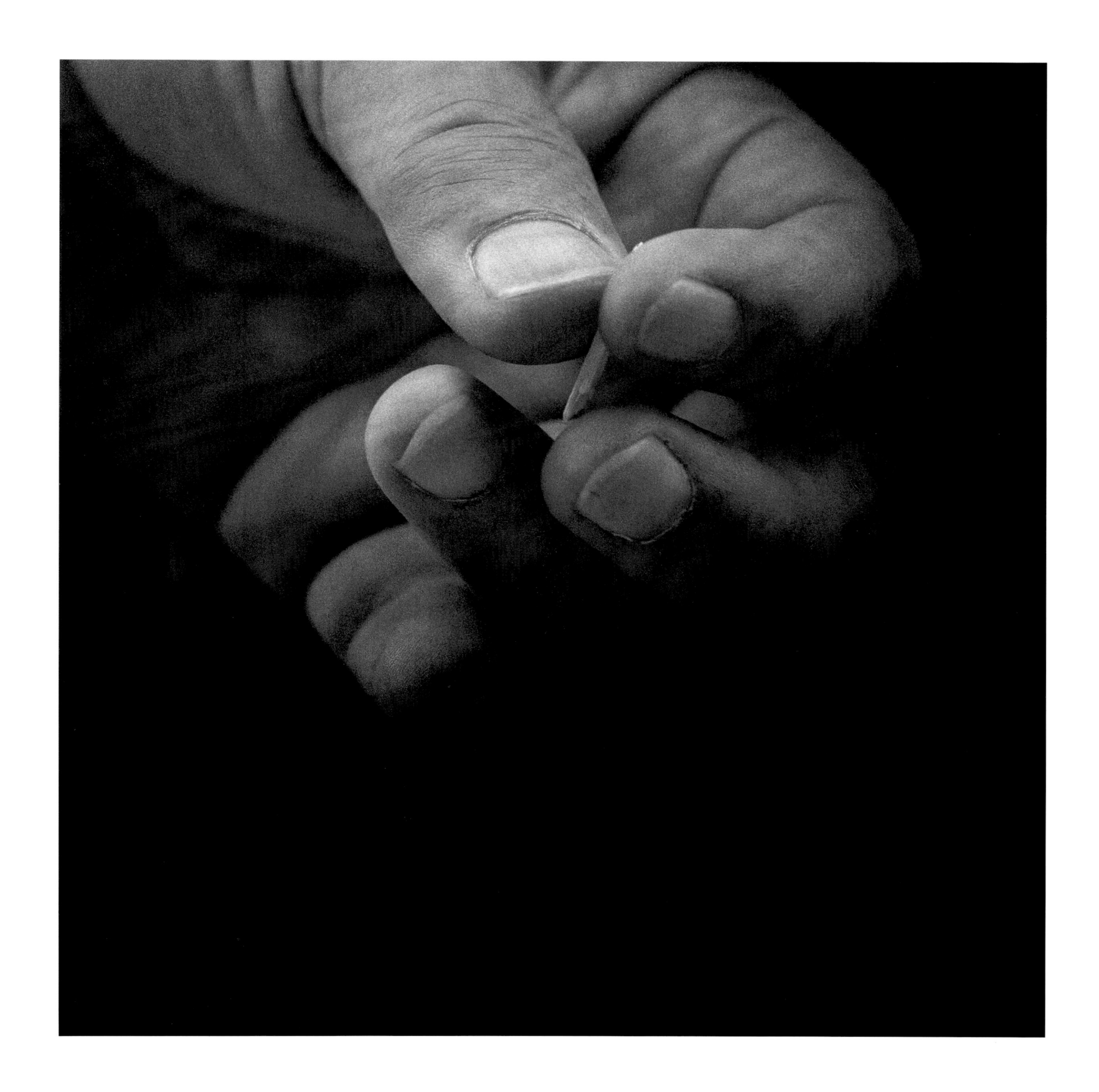

und Abgeordneten der Grünen Otto Schily verklagen ließ, weil dieser gegen ihn eine Strafanzeige erstattet hatte, erklärte abschließend die Staatsanwaltschaft Koblenz lediglich: »Rechtsanwalt Schily hat in seiner Strafanzeige gegen Bundeskanzler Dr. Kohl keine unwahren Tatsachen behauptet. Er hat vielmehr aus richtigen Behauptungen einen Verdacht abgeleitet. Dieser war schlüssig, so daß die Staatsanwaltschaft zur Aufklärung des Sachverhaltes verpflichtet war. Die Ermittlungen führten zwar nicht zu einer Klageerhebung gegen Bundeskanzler Dr. Kohl. Dieser Umstand macht die Strafanzeige nicht zur falschen Verdächtigung.«

Die Parteispendenaffäre hat dem Kanzler weniger geschadet als die wechselreiche Angriffstaktik von Franz Josef Strauß gegen ihn. Die Beziehungen zur bayerischen Schwesterpartei hatten auch den anderen CDU-Kanzlern Sorgen bereitet. Bevor Ludwig Erhard von der FDP unter Beschuß genommen wurde, war er glücklich gewesen, sich auf eine liberale Fraktion stützen zu können, die zahlenmäßig ebenso umfangreich war wie die CSU-Gruppe, so daß die Ansprüche aus München in Schach gehalten werden konnten. Kurt Georg Kiesinger hat allerdings mehr Glück oder Geschick gehabt: Nie hat sich Franz Josef Strauß ruhiger, besonnener, auf konkrete Erfolge bedachter gezeigt als in der Rolle des effizienten, mit dem SPD-Wirtschaftsminister Schiller hervorragend zusammenarbeitenden Finanzministers der Großen Koalition. Helmut Kohl stand nach den siegreichen Wahlen 1983 und 1987 vor der schweren Entscheidung, entweder den CSU-Vorsitzenden ins Kabinett zu nehmen, was dieser nur in einem großen Ressort wie dem Außenministerium akzeptiert hätte, oder ihn draußen zu lassen, ohne Einbindung in die Zwänge der Zurückhaltung und des Schweigens. Zeitweilig hat Strauß die vier, dann fünf CSU-Minister so sehr als seine Mannen betrachtet, daß er sie gewissermaßen als ferngesteuerte Fraktion der Bundesregierung nach München bestellte. Im Brief, den der Kanzler im August 1987 an die CDU-Parteimitglieder richtete, war nun der Wunsch der Vater des Gedankens, als er schrieb: »Als Volksparteien der Mitte gehören CDU und CSU zusammen. Wir sind Schwesterparteien. Mit unserer gemeinsamen Politik der Mitte, auf gemeinsamer programmatischer Grundlage, ist es den Unionsparteien gelungen, von Nord bis Süd eine breite Stammwählerschaft zu gewinnen. Das darf niemand aufs Spiel setzen.« Es ist im Gegenteil wahrscheinlich, daß der Kanzler nach beiden Bundestagswahlen erleichtert gewesen ist, daß die »Schwesterparteien« die absolute Mehrheit verfehlt hatten und daß die FDP nicht – wie in manchen Bundesländern – unter die Fünf-Prozent-Schwelle gestürzt war (1983 haben ja die Christdemokraten 48,8 Prozent erreicht und die FDP nur 7 Prozent). Hätte er triumphiert wie Adenauer 1957, so hätte er es viel, viel schwerer gehabt als damals der alte Herr seinem jungen Verteidigungsminister gegenüber. Warum Franz Josef Strauß es nie hat lassen können, zu versuchen, Helmut Kohl auf Kosten des Selbstabbaus zu demontieren, bleibt unklar.

Mit dem Verhältniswahlrecht sind in allen demokratischen Ländern die großen Parteien und somit der Regierungschef, den sie stellen, von einem oder mehreren Kleinen abhängig. Es sei denn, die Großen, zwischen denen die Kleinen pendeln, werden des Spiels überdrüssig und verbünden sich. So ein Bündnis kann schlimme Konsequenzen haben, wenn die beiden Großen auch in der Regierungsarbeit Entgegengesetztes wollen: So ist es in Israel. Es kann auch positive Resultate zeitigen, wenn der gute Wille überwiegt und die Geschäfte geschickt geführt werden, so im Kabinett Kiesinger, zur Zeit einer dreifachen Koordinierung: Innerhalb des Kabinetts, durch das Kanzleramt – vor allem seit dem Einzug von Karl Carstens als Staatssekretär des Bundeskanzleramtes am 1. Januar 1968 –, und durch das als Kressbronner Kreis bekanntgewordene inoffizielle Gremium der Partei- und Regierungsmächtigen beider Verbündeten.

Konrad Adenauer hatte stark dazu beigetragen, ganz kleine Verbündete verschwinden zu lassen: die konservative Deutsche Partei, indem man ihr half, zunächst nur dank der Unterstützung der CDU zu überleben; den Bund der Heimatvertriebenen und Entrechteten, indem der Kanzler dessen Vorsitzenden, den wegen seiner braunen Vergangenheit zumindest sehr umstrittenen Theodor Oberländer, zuerst nach den Wahlen 1953 zum Bundesminister machte und ihn dann 1956, im Hinblick auf die Gefahren der Fünf-Prozent-Schwelle, zum Übergang zur CDU verleitete. Mit der FDP, die nach dem Verlust der absoluten Mehrheit 1961 als einziger Regierungspartner übrigblieb, verfuhr Konrad Adenauer anders: Er führte lange Koalitionsverhandlungen und unterschrieb ein Koalitionsabkommen, das er dann einfach beiseite legte, als hätte es nie existiert.

Aber auch er hatte es mit der liberalen Partei nie einfach, weil er sie eben brauchte. Er hatte nur das Glück, daß Erich Mende sich ihm gegenüber leichter beugte als dann Walter Scheel Willy Brandt gegenüber oder Hans-Dietrich Genscher im Umgang mit Helmut Schmidt, dann mit Helmut Kohl, so daß die Kleine Koalition ständig der bösen Frage ausgesetzt war: »Wedelt da der Hund mit dem Schwanz oder der Schwanz mit dem Hund?«

Hat denn der Kanzler nicht ein für allemal allen Ministern gegenüber die vielgerühmte, beredete, zerredete Richtlinienkompetenz? Das Wort Kompetenz hat im allgemeinen zwei mögliche Bedeutungen, die sehr verschieden sind. Einerseits geht es um Zuständigkeit, andererseits um Befähigung. Ein Gericht ist für einen, aber nicht für einen anderen Fall kompetent. Das heißt nicht notwendigerweise, daß es sich aus kompetenten Richtern zusammensetzt: Vielleicht mangelt es ihnen an Wissen, vielleicht an Vernunft und (oder) Willen. Die Ausübung der Richtlinienkompetenz hängt von der Persönlichkeit des Kanzlers ab, von seiner Informiertheit, von seiner Autorität. Und auch von den Mitarbeitern, durch die er informiert wird und durch die seine Entscheidungen verwirklicht werden.

Konrad Adenauer hatte nur einen kleinen Stab um sich. Aber neben ständigen Mitarbeitern und Beratern wie Botschafter Herbert Blankenhorn, dann Professor Walter Hallstein für die Außenpolitik, Otto Lenz für das, was man später politisches Marketing genannt hätte, verfügte er im Bundeskanzleramt über die Arbeitskraft, das Gedächtnis, die Kenntnisse, die immer wachsende Autorität von Hans Globke, dem er ein umstrittenes, aber unerschütterliches und für die Wirksamkeit des Kanzlers voll berechtigtes Vertrauen schenkte. Der Streit betraf die Vergangenheit des Ministerialdirektors, der ab 1953 und noch nach Adenauers Rücktritt Staatssekretär im Bundeskanzleramt war. Als er ihn zu sich rief, war Globke Stadtkämmerer in Aachen. Er hatte ab 1929 – mit 31 Jahren – im preußischen Innenministerium, dann bis 1945 im Reichsinnenministerium gearbeitet. »Entschiedener Katholik«, bis 1933 Zentrumspartei-Mitglied, hatte er während der Hitler-Zeit Verbindungen mit der kirchlichen Hierarchie. Aber er hat auch den amtlichen Kommentar zu den Nürnberger Rassengesetzen von 1935 mitverfaßt. Dieser Kommentar ist seinerseits nach dem Krieg widersprüchlich kommentiert worden: Hat er die Gesetzesbestimmungen eingeschränkt oder in ihrer ganzen Tragweite dargestellt? Unbestreitbar war der trockene Stil, der die antisemitischen Maßnahmen besprach, als handle es sich um normales und ehrbares Recht. Adenauer ließ sich aber dadurch nicht abschrecken, Hans Globke immer mehr Aufgaben anzuvertrauen – von der Rolle des täglichen Beraters und Vertrauten bis zur Koordinierung der gesamten Regierungsarbeit. Ohne dessen Wirken hätte Adenauer nicht genügend Informationen erhalten und seine

Autorität wäre viel schwieriger in echte Politik umzusetzen gewesen. Und durch Globke fand und entsandte der Kanzler auch die hohen Beamten, die zwar den wichtigen Ministern dienen, sie aber auch für den Regierungschef kontrollieren oder überwachen.

In einem Fall allerdings liefen die Dinge nicht wie vorgesehen. 1951 wird Ludger Westrick auf Anregung des Kanzleramts Staatssekretär im Wirtschaftsministerium. Bald ist er der loyale, überzeugte, unentbehrliche Mitarbeiter von Ludwig Erhard, der ihm etwas zu offensichtlich Einfluß und Macht zugesteht und ihn 1964 sogar zum »Bundesminister für besondere Aufgaben und Chef des Bundeskanzleramtes« macht. Wenn er auf Westrick angesprochen wird, antwortet er weniger wie Adenauer über Globke, sondern eher wie Präsident Eisenhower, der, gefragt, warum er den umstrittenen Sherman Adams als nächsten Mitarbeiter im Weißen Haus behalte, ein schlichtes, nach einiger Unbeholfenheit klingendes »I need him – Ich brauche ihn« geantwortet hatte.

Als Willy Brandt Kanzler wurde, erhielt der Juraprofessor und bisherige Justizminister Hans Ehmke die Nachfolge des Staatssekretärs und Rechtsprofessors Karl Carstens; jedoch wie Ludger Westrick mit den beiden Titeln »Bundesminister für besondere Aufgaben« und »Chef des Bundeskanzleramtes« ausgestattet. Dabei ging es allerdings nicht um dieselbe Aufgabe. Mit Hilfe des zum Leiter der Planungsabteilung im Bundeskanzleramt ernannten Professors für Wirtschaftswissenschaften Reimut Jochimsen versuchte Ehmke, im Namen des Kanzlers auch die Regierungsarbeit zu rationalisieren und somit zugleich wirksamer und vom Kanzleramt aus kontrollierbarer zu machen. Da aber die Prioritäten der Entscheidungsgebiete und der Ausgaben nur bedingt rein rationalen Kriterien unterliegen, sondern Grundorientierungen und Kompromisse zum Ausdruck bringen, scheiterte das Unternehmen, vor allem weil die Minister und Staatssekretäre der verschiedenen Ressorts sich bevormundet und gemaßregelt fühlten.

Helmut Schmidt machte es dann anders. Es gab keinen Versuch mehr, den Entscheidungsprozeß zu computerisieren. Dagegen wurde eine Vielzahl qualifizierter Mitarbeiter bis zur Erschöpfung eingesetzt, um dem Kanzler Informationen und Reflexionen zu allen möglichen Fragen zuzuspielen, was auch eine gewisse Überwachung und eine ständige Gefahr für Überschneidungen mit den einzelnen Ressorts zeitigen mußte. Das galt besonders für die Außenpolitik. Schon über die Regierung Kiesinger sollte Willy Brandt im Rückblick schreiben: »Im übrigen wird ein Außenminister wohl fast immer seine Probleme haben, wenn der Regierungschef selbst außenpolitisch stark interessiert ist.« Als Brandt Kanzler

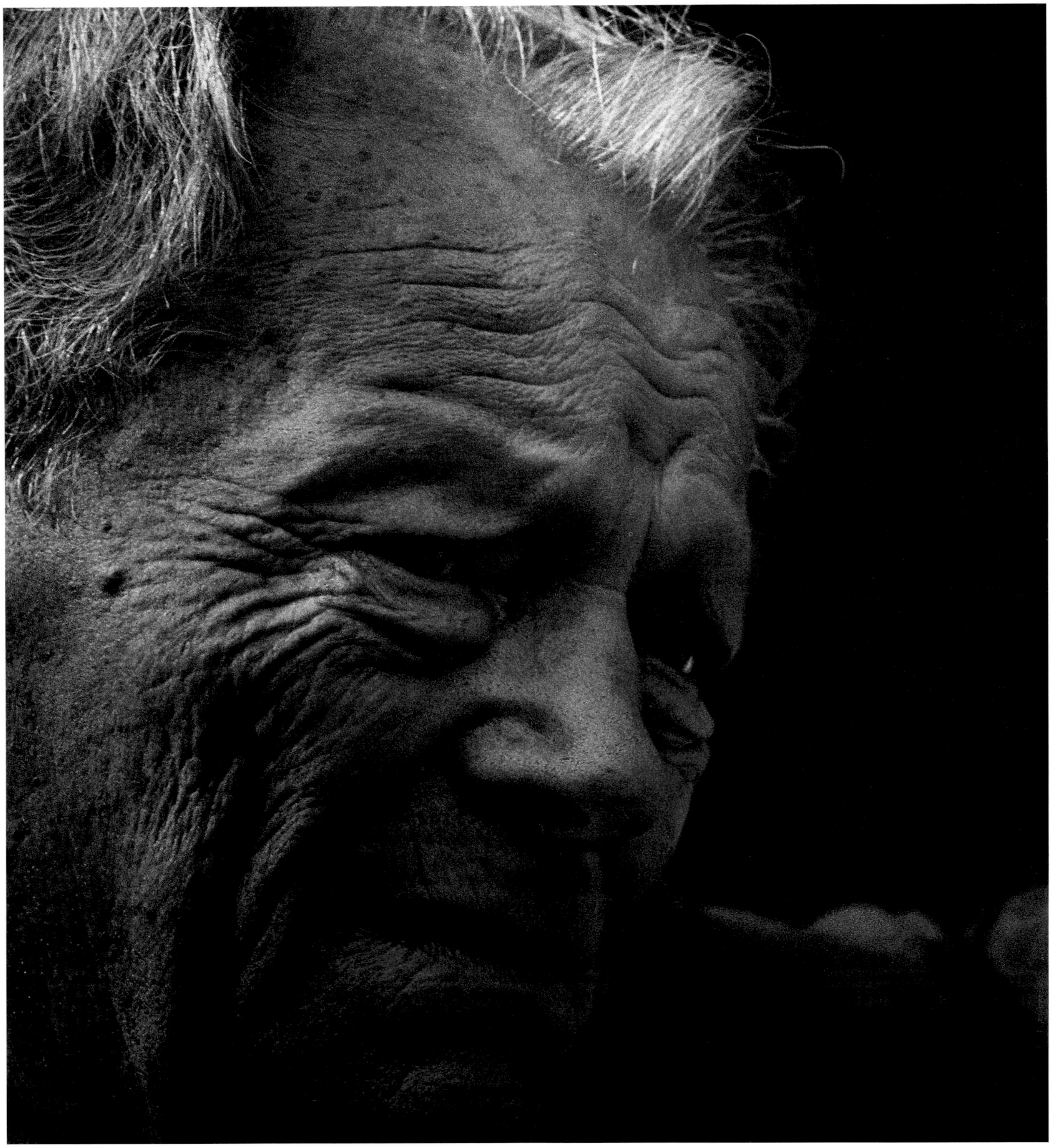

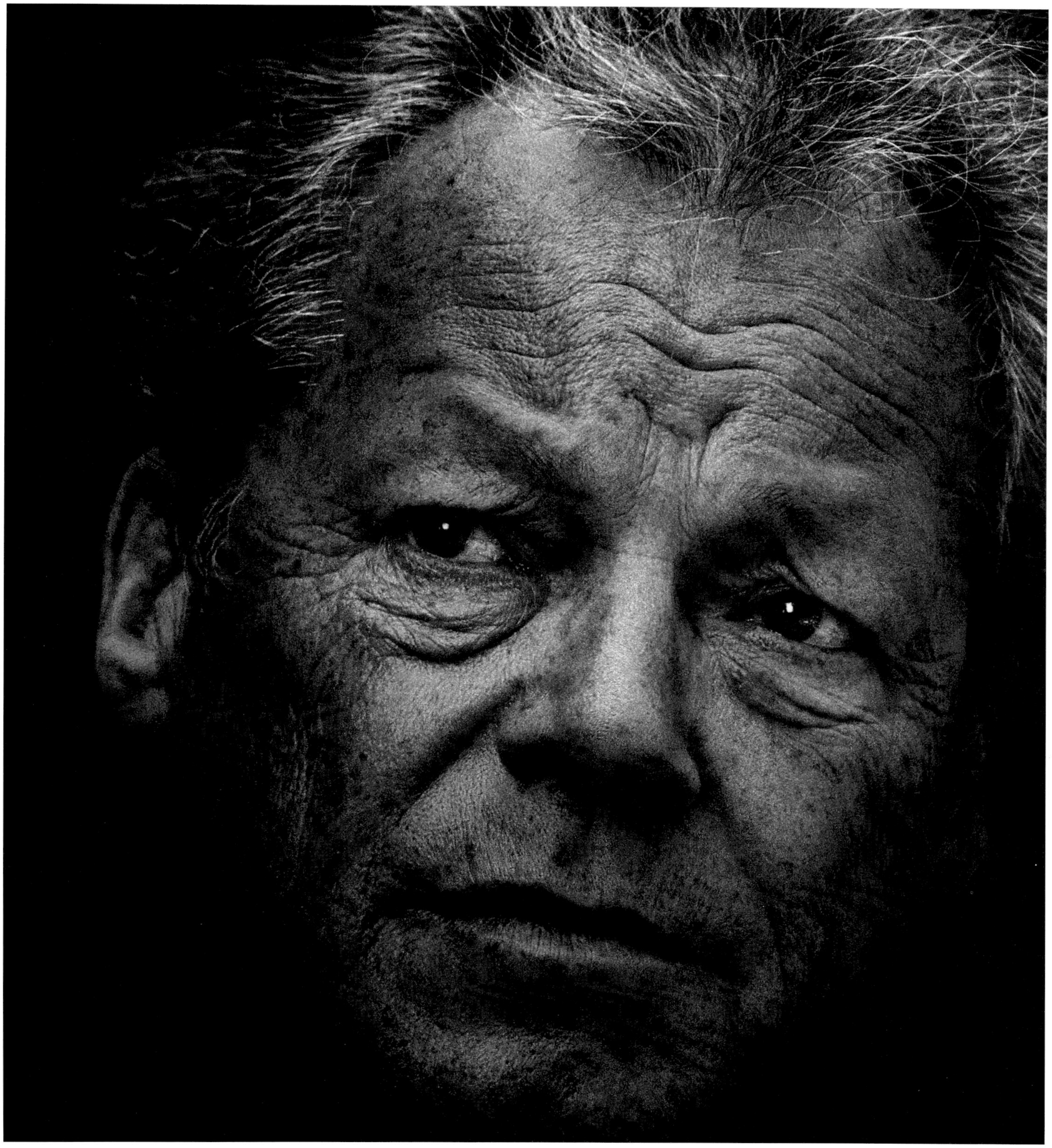

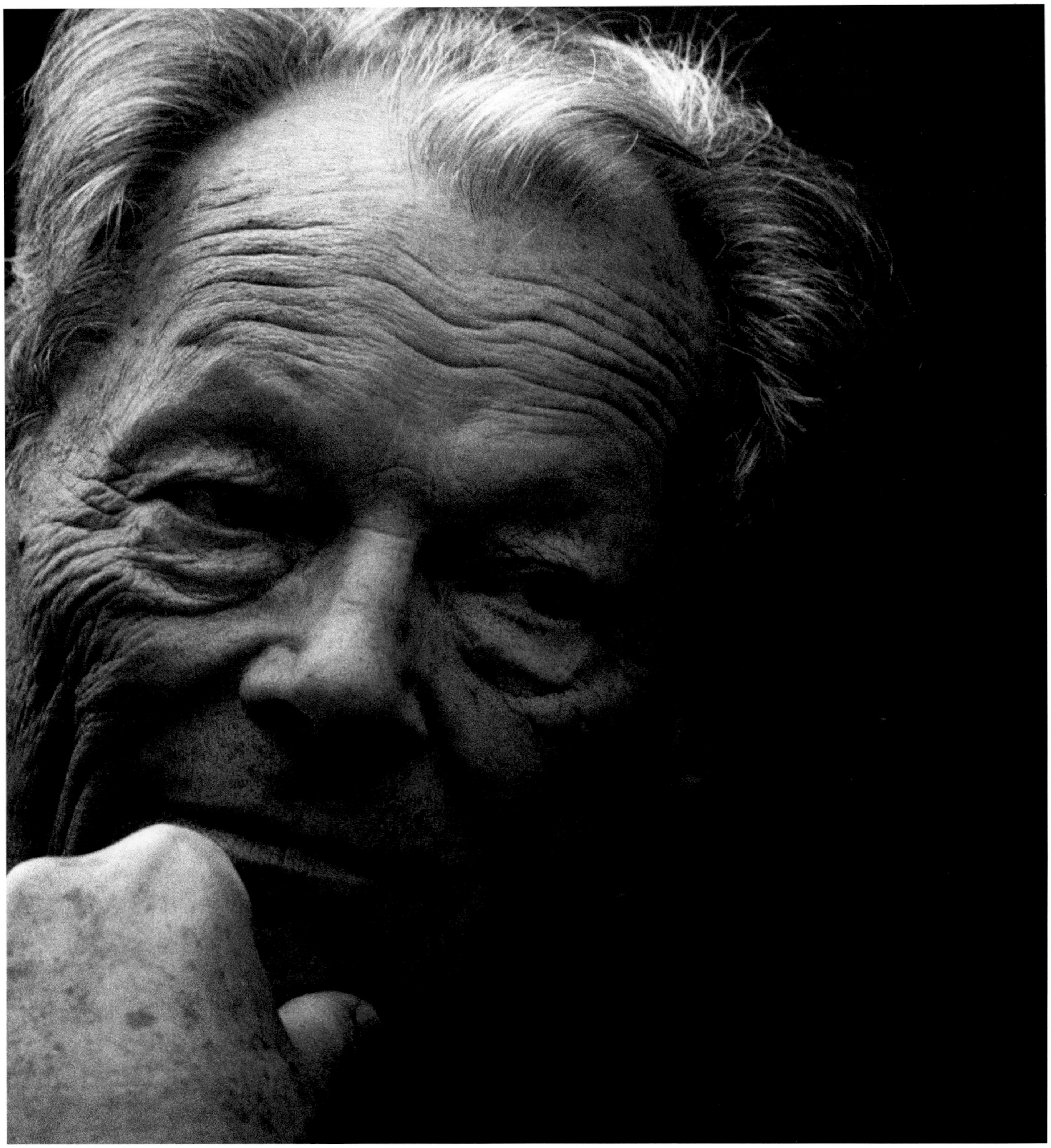

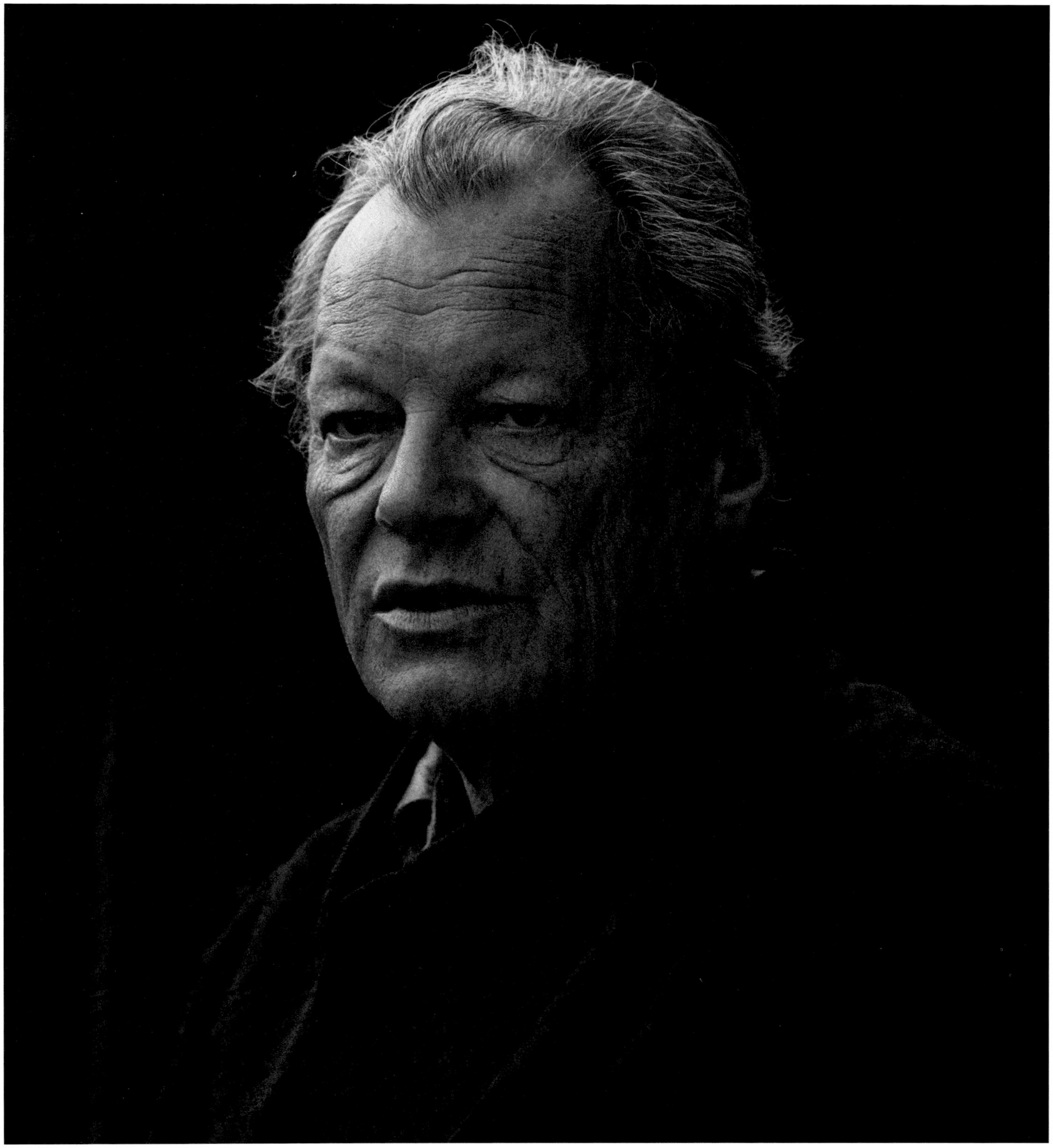

wurde, entstanden in diesem Sinne Probleme mit Walter Scheel. Das außenpolitische Team, das für Bundeskanzler Schmidt im Kanzleramt arbeitete, setzte sich aus Berufsdiplomaten hoher Qualität zusammen, was gleichzeitig die Zusammenarbeit mit dem Auswärtigen Amt erleichterte und die Spannungen im Entscheidungsprozeß eher verstärkte. Adenauer hatte sich erst selber als Außenminister gehabt, dann Heinrich von Brentano so betrachtet und behandelt wie die französischen Präsidenten »ihre« Außenminister. Helmut Kohl ist Hans-Dietrich Genscher gegenüber in einer schwierigeren Lage als sein Vorgänger. Erstens weil Genscher 1982 bereits seit acht Jahren Außenminister war, zweitens weil der FDP-Politiker, auch nachdem er nicht mehr Parteivorsitzender war, gerade wegen des Sturzes von Helmut Schmidt und wegen der Gefahr Strauß, auf seine Parteimacht pochen konnte. Drittens weil der Mitarbeiterstab Kohls viel kleiner ist als der von Helmut Schmidt. Dessen Diplomaten sind dem großen Publikum unbekannt geblieben, während Horst Teltschik für alle als Ratgeber Helmut Kohls gilt, weil die außenpolitische Kanzleramts-Abteilung anders wirkt als zur Zeit des vorigen Kanzlers. Das soll nicht heißen, daß der Ludwigshafener Waldemar Schreckenberger, Professor für Rechtspolitik und Rechtsphilosophie, von 1976 bis 1981 Chef der Staatskanzlei in Mainz und dann Justizminister von Rheinland-Pfalz, weniger qualifiziert war als seine Vorgänger, als er 1982 Staatssekretär im Kanzleramt wurde, noch daß der relativ junge Wolfgang Schäuble (Jahrgang 1942), seit 1981 Parlamentarischer Geschäftsführer der CDU/CSU, sich nicht bewährt hätte, als er 1984 Bundesminister und Chef des Bundeskanzleramts wurde.

Gewicht der Parteien und Macht des Kanzlers: Ist denn die Bundesrepublik keine parlamentarische Demokratie? Natürlich, doch: weniger als die Vereinigten Staaten, wo der Präsident oft vom Congress in Schach gehalten wird (ein Congress, der wirklich als solcher entscheidet, da es keinen Fraktionszwang gibt und immer mindestens einige Demokraten mit der Mehrzahl der Republikaner stimmen und umgekehrt), mehr als in Großbritannien, wo das Unterhaus sich ganz klar aus regierungstreuer Mehrheit und regierungsfeindlicher, aber machtloser Opposition zusammensetzt. In Bonn darf der Kanzler mit der Unterstützung der Fraktion seiner Partei rechnen, muß aber oft mit ihr hart verhandeln, um die Gesetze durchzubringen, die er als Instrumente seiner Politik braucht, vor allem da die Bundestagsausschüsse häufig gute und selbständige, das heißt nicht strikt nach Parteilinie verlaufende

Arbeit leisten. Gewiß hat Adenauer öfters den Bundestag brüskiert. Gewiß hat der Bundestag ein besonderes Gewicht zur Zeit der Regierung Kiesinger gehabt, weil es notwendig war, die Zustimmung beider großen Fraktionen zu erreichen. Aber alle Bundeskanzler haben der Volksvertretung mehr Respekt gezollt, als viele ihrer ausländischen Kollegen der ihren – insbesondere die Präsidenten und Premierminister der V. Republik in Frankreich. Wie Churchill ist der als Kanzler zurückgetretene Konrad Adenauer als Abgeordneter ins Plenum zurückgekehrt. Ludwig Erhards letzte größere Rede war die, die er als Alterspräsident des Bundestags hielt. Seine drei Nachfolger haben wieder den parlamentarischen Alltag mitgemacht – wenn auch manchmal aus einiger Distanz –, nachdem ein anderer ins Bundeskanzleramt eingezogen war.

Die Bundesrepublik ist auch ein Bundesstaat, was bereits in der Existenz des Bundesrates zum Ausdruck kommt. Es würde sich lohnen, auf das Auf und Ab seiner Rolle als Bremse für die Kanzlermacht einzugehen. Im allgemeinen ist es beinahe selbstverständlich, daß der Kanzler kaum Schwierigkeiten hat, wenn die politische Mehrheit in beiden Kammern die gleiche ist, und daß er es nicht leicht hat, wenn die Opposition im Bundestag über die Mehrheit im Bundesrat verfügt. Es kann aber auch anders kommen: 1988 zum Beispiel hat es in der Finanzpolitik ein Zusammengehen der relativ armen Länder, seien sie nun CDU- oder SPD-regiert, gegen die »Reichen« und gegen die Bundesregierung gegeben. Und kein Kanzler hat besser mit den Ländern zusammengearbeitet als Helmut Schmidt, wenn auch die SPD-Länder dem Bundesrat keinen eigenen Willen auferlegen konnten. Konrad Adenauer hat 1961 erfahren müssen, daß der Kanzler sich nicht einfach über den Willen und die Zuständigkeit der Länder hinwegsetzen kann; das Bundesverfassungsgericht verbot ihm, eine Fernsehanstalt zu schaffen, die von der Bundesregierung kontrolliert werden würde. Auch sind ja die Karlsruher Richter schlechthin gewissermaßen Kontrolleure und Eindämmer der Kanzlermacht, wobei keiner der sechs Kanzler je der Versuchung erlegen ist, das Bundesverfassungsgericht zu überrollen, oder vielleicht doch mit einer Ausnahme: Adenauer hat 1952 Heuss dazu gebracht, davon abzusehen, die Karlsruher Meinung zum Vertrag über die Europäische Verteidigungsgemeinschaft einzuholen.

Darf man diesen Zwischenfall als die erste und letzte Machtprobe zwischen einem Kanzler und einem Bundespräsidenten betrachten? Zuweilen hat es unerwartete Spannungen gegeben: Als Adenauer 1959 plötzlich beschloß, Präsidentschafts-

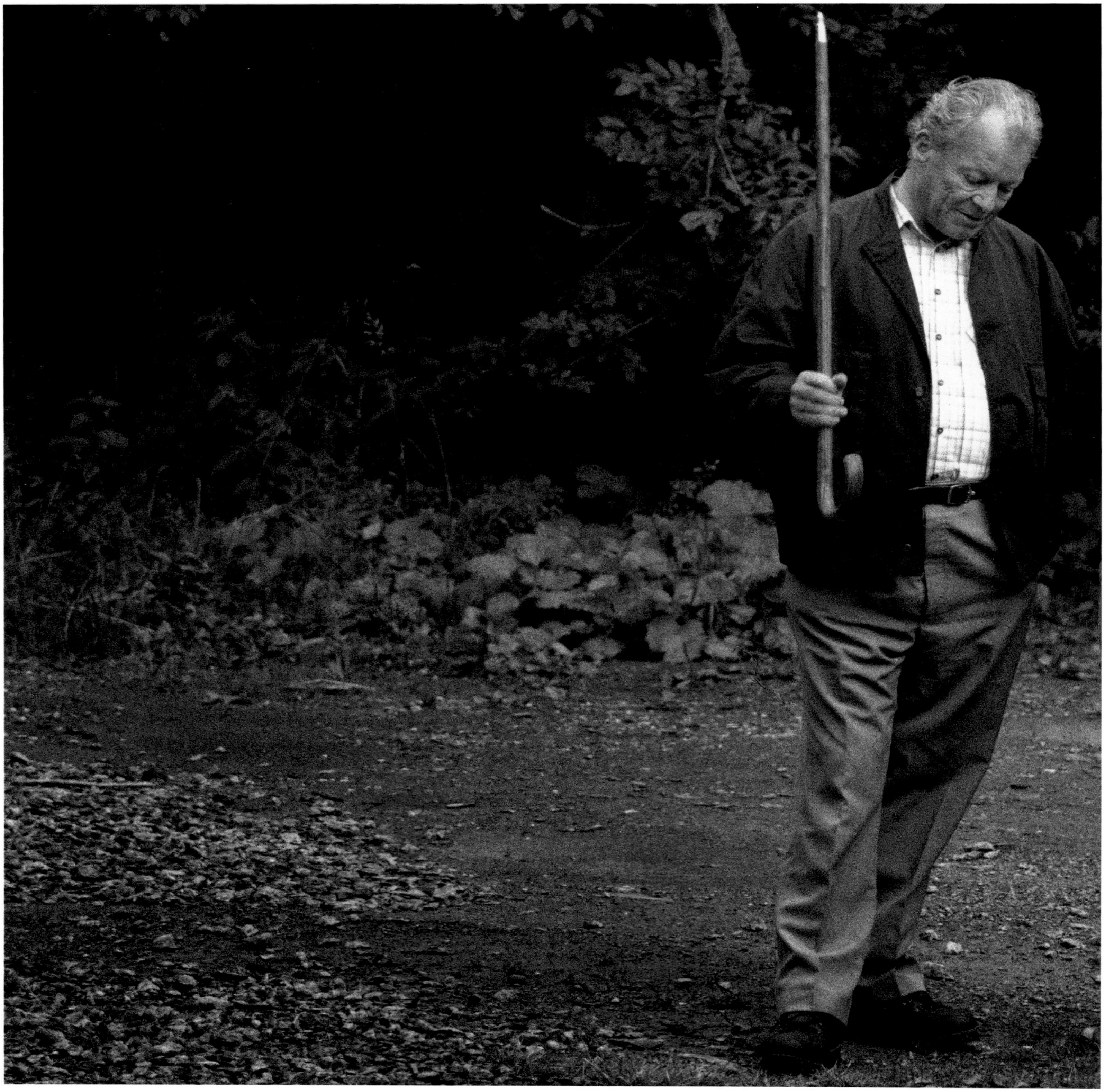

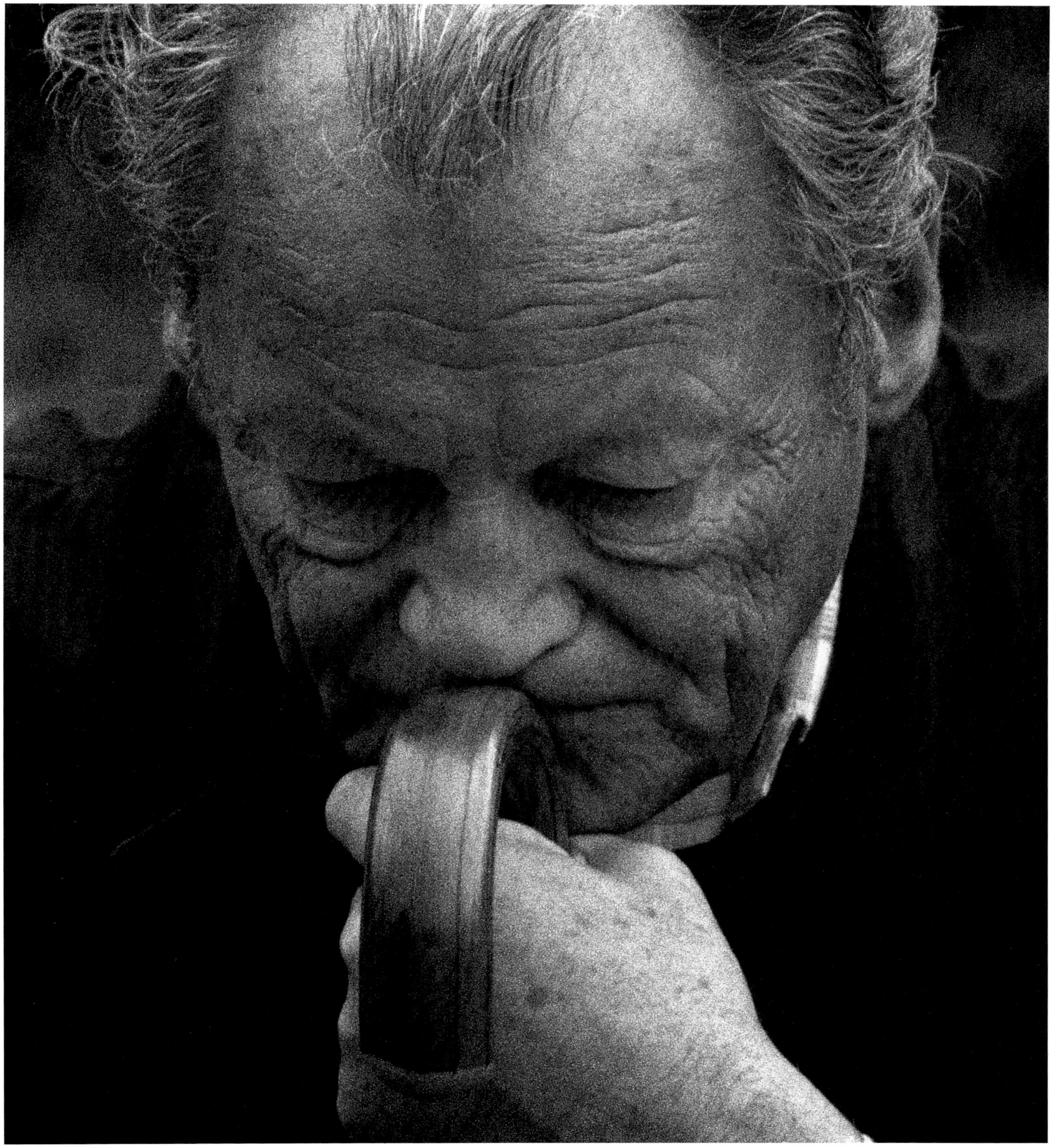

kandidat zu werden, sagte er unrichtige, für Heuss recht verletzende Dinge über die bisher noch brachliegenden Befugnisse des Präsidenten. Es können aber auch erwartete Spannungen ausbleiben: Als Karl Carstens 1979 gewählt wurde, kamen zunächst Sorgen in der SPD und auch im Kanzleramt auf, und sei es nur, weil ja der Staatssekretär im Bundespräsidialamt als schweigender Beobachter an den Kabinettssitzungen teilnimmt. Aber diese Sorgen verkannten den Respekt des Präsidenten für die Pflichten seiner Funktion – Respekt, den er ja bereits im Kanzleramt während der Großen Koalition gezeigt hatte: Als Präsident streifte er das Gewand des streitbaren Fraktionsführers sofort ab, so daß der Kanzler letztlich viel mehr von seinen Parteifreunden in seinem Wirken behindert wurde als von dem CDU-Staatsoberhaupt. Ein Novum war das in diesem Sinne nicht: Heinrich Lübke hatte hinter den Kulissen wirklich nichts getan, um dem bedrängten Bundeskanzler Ludwig Erhard zu helfen, jedoch einiges unternommen, um den Weg zur Großen Koalition zu glätten.

Das am häufigsten auftretende Problem ist das des Prestiges, gewissermaßen der moralischen Vertretung der Bundesrepublik. Adenauer war ein Mensch der Macht, während Theodor Heuss sozusagen den Anspruch auf Kultur und Geist verkörperte, bis dann der Ruhm des Kanzlers seine Aura abschwächte. Als Heinrich Lübke 1959 als improvisierte Notlösung gewählt wurde, war das Prestige Adenauers schon etwas gesunken, aber der Präsident hatte wenig, um viel Prestige an sich zu reißen. Die Wahl von Gustav Heinemann 1969 war nicht nur ein erstes Anzeichen für den Frontenwechsel der FDP: Es schien auch ein Mann Präsident zu werden, der trotz seines komplizierten parteipolitischen Werdegangs zwischen 1950 und 1957 aus Vergangenheit und Kirche moralisches Prestige geschöpft hatte. Aber er wurde durch die plötzliche Entwicklung, ja Verklärung der Persönlichkeit Willy Brandts als moralische Autorität in den Hintergrund gedrückt, während seit 1984 Richard von Weizsäcker sein Prestige, seine moralische Ausstrahlungskraft nicht nur seinen eigenen großen Eigenschaften verdankte, sondern auch dem teilweise selbstverschuldeten, teilweise durch ständige herabsetzende Angriffe bewirkten Prestigeverlust von Helmut Kohl. Dabei gilt es natürlich auch abzuwägen, inwieweit das Prestige eines Kanzlers von den politischen Problemen abhängt, die er zu meistern hat, und inwieweit diese nicht von allgemeinen gesellschaftlichen, wirtschaftlichen, geistigen Entwicklungen bedingt sind, die jeder Staatsmann nur wenig beeinflussen kann.

EIN STANDORT IM WESTEN

Auf einem Ball führt Konrad Adenauer galant eine schöne Dame zu ihrem Platz. »Entschuldigen Sie mich bitte«, sagt er und zeigt auf ein häßliches Mauerblümchen, »ich bin gleich wieder zurück, meine Teuerste, ich muß schnell einen Pflichttanz erledigen.« Dieses Thema hat die Karikaturisten immer wieder beschäftigt und zu den verschiedensten Variationen inspiriert. Das Mauerblümchen stellt die Innenpolitik dar – die schöne Dame die Außenpolitik. Die Anekdote entsprach durchaus der politischen Wirklichkeit, aber gab es überhaupt 1949 eine andere Möglichkeit? Selbst unter der Voraussetzung, daß der Regierungschef ein Politiker mit lebhafterem Interesse für die wirtschaftlichen und sozialen Gegebenheiten gewesen wäre, hätte er es trotzdem nicht vermeiden können, der Außenpolitik den Vorrang zu geben, die für den neuen Staat so lebenswichtig war, daß man sie genaugenommen nicht hätte als »Außen«politik bezeichnen sollen. Inwiefern war denn der andere Teil Deutschlands »draußen«? Inwieweit war es Berlin, das in seinem westlichen Teil ein Land, kein Land, doch weitgehend ein Land der Bundesrepublik war? Und galt es nicht zunächst einmal, die drei westlichen Besatzungsmächte gewissermaßen nach außen zu schieben, da sie ja bei der Geburt der Bonner Demokratie weitreichende Befugnisse beibehielten, die zwar nicht im Grundgesetz, wohl aber im Besatzungsstatut standen, das zur gleichen Zeit in Kraft trat?

»(…) Auf folgenden Gebieten bleiben Befugnisse ausdrücklich vorbehalten:

a) Die Abrüstung und Entmilitarisierung, einschließlich … die zivile Luftfahrt;

b) die Kontrollen hinsichtlich der Ruhr, … die Dekartellisierung, die Entflechtung (…);

c) auswärtige Angelegenheiten, einschließlich internationaler Abkommen, die von Deutschland oder für Deutschland abgeschlossen werden; (…)

f) die Beachtung des Grundgesetzes und der Länderverfassungen;

g) die Kontrolle über den Außenhandel und Devisenverkehr;

(…) Die Regierungen Frankreichs, der Vereinigten Staaten und des Vereinigten Königreichs hoffen und erwarten, daß die Besatzungsbehörden keinen Anlaß haben werden, auf anderen Gebieten als auf den ihnen ausdrücklich vorbehaltenen einzugreifen (…).«

Daß bald die meisten Befugnisse der Hohen Kommissare in Vergessenheit gerieten, daß die Felsen auf dem Wege zu einer leidlichen Souveränität und zu einer nicht allzu unvollständigen Gleichberechtigung beiseite geschoben werden konnten, das war weitgehend Konrad Adenauers Verdienst. Gewiß hat ihn die internationale Lage begünstigt. Aber er hat die Grundgegebenheiten von Anfang an verstanden und hat die daraufhin eingeschlagene Richtung konsequent durchgehalten. Allein schon dadurch, daß er klar sah, daß das vordringlichste Ziel der Außenpolitik sein müßte, Außenpolitik betreiben zu dürfen. Als im Frühling 1951 die »kleine Revision« des Besatzungsstatuts die Neugründung des Auswärtigen Amts erlaubte, war dieses Ziel erreicht. Erreicht unter anderem dank der resoluten Westbindung, deren Vorteile auch für die Herstellung der inneren Souveränität beinahe unbegrenzt waren. Als Außenminister war er der geschätzte Kollege des amerikanischen, des britischen und des französischen Außenministers, die zusammen die Vorgesetzten der Hohen Kommissare waren, das heißt der Vorgesetzten des Bundeskanzlers. Wenn sie zu viert waren, war klar, daß sie, um den Außenminister Adenauer nicht zu kränken, der Hohen Kommission nahelegen würden, doch Bundeskanzler Adenauer in Ruhe regieren zu lassen. Symbolisch für diese Entwicklung war die Tatsache, daß 1949 der Kanzler zu den Kommissaren auf den Petersberg hinaufbestellt wurde, während sie schon kurze Zeit darauf im Kanzleramt zur Audienz empfangen wurden.

Inwiefern sah er, inwiefern nahm er in Kauf, inwiefern wollte er, daß die Konsequenzen der über die Westanschließung erreichten Gleichberechtigung einerseits die Stabilisierung der Bundesrepublik als Nicht-mehr-Provisorium, andererseits die Verschärfung der Abtrennung von dem sowjetisch beherrschten Deutschland sein würden? Ein Entweder-Oder gab es für Adenauer hier jedenfalls nicht, da die beiden Wege, die für ihn zur Stärkung des Status der Bundesrepublik führten, sowieso als positive zu bewerten waren. Der eine war die bereits 1948 ins Auge gefaßte Wiederbewaffnung, als Beitrag zur notwendigen Verteidigung gegen die Sowjetunion. Hatte er doch bereits im März 1946 – mehr als ein Jahr vor der ersten großen Ost/West-Spannung und -Spaltung – in einem Brief an einen ehemaligen Kölner Emigranten nach Amerika geschrieben: »Die Gefahr ist groß. Asien steht an der Elbe. Nur ein wirtschaftlich gesundes Westeuropa unter Führung Englands und Frankreichs, ein Westeuropa, zu dem als wesentlicher Bestandteil der nicht von Rußland besetzte Teil Deutschlands gehört, kann das weitere geistige und machtmäßige Vordringen Asiens aufhalten. Helfen Sie doch, die Überzeugung in den USA zu verbreiten, daß die Rettung

Europas nur mit Hilfe der USA erfolgen kann und daß die Rettung Europas auch für die USA ganz wesentlich ist.« Also Verteidigung dank Amerika und durch Europa.

Der andere Weg war Europa. Zehn Jahre später wies Adenauer Bedenken Ludwig Erhards gegen den geplanten Gemeinsamen Markt zurück, indem er ihm schrieb: »Die europäische Einigung war das notwendige Sprungbrett für uns, um überhaupt wieder in die Außenpolitik zu kommen. Europäische Integration ist auch um Europas willen und damit um unsretwillen notwendig. Europäische Integration war aber vor allem notwendig, weil die Vereinigten Staaten sie als Ausgangspunkt ihrer ganzen Europapolitik betrachteten und weil ich genau wie Sie die Hilfe der Vereinigten Staaten als absolut notwendig für uns betrachte.« Gleichberechtigung – Europa-Bindung an die USA: Für den ersten Bundeskanzler hingen die drei Elemente der Außenpolitik eng zusammen, wobei die Bedrohung aus dem Osten zugleich wirklich empfunden wurde und als Mittel dieser Politik recht nützlich war. Dabei wurde ein doppeltes geistiges Trauma in Kauf genommen: der Schock, den die Wiederbewaffnung für Tausende von jungen Menschen bedeuten würde, denen Segelflug und Fechten noch als »militaristisch« untersagt waren, als die Diskussion schon um die Anzahl der neuen deutschen Einheiten ging; dazu das Wiederauftauchen des vereinfachten Antibolschewismus, der einiges von Hitlers »Verteidigung« zu rechtfertigen schien.

Mit den westlichen Partnern sind die Kontakte und Gespräche fortwährend häufig und intensiv gewesen, mit einem gewissen Hang, die normalen diplomatischen Wege zu umgehen, durch direkte Verbindungen zu Ministern oder Politikern – was manchmal nützlich sein konnte, manchmal schädlich: 1954 zum Beispiel vertraute Adenauer seinen französischen politischen Freunden, die ihm versicherten, es gäbe eine Mehrheit in der Pariser Nationalversammlung, um den EVG-Vertrag zu ratifizieren, obwohl die deutsche Botschaft in Paris dem Kanzler nüchterne, wohlfundierte Berichte geschickt hatte, die das Gegenteil bewiesen. Auch hat immer – für Adenauer wie für seine fünf Nachfolger – die Gefahr bestanden, daß in den Zweiergesprächen mit befreundeten Staatsmännern Mißverständnisse entstehen, weil die Gesprächspartner sich übereinander im Irrtum befinden oder weil sie mit der besprochenen Materie nicht voll vertraut sind. Das geschah mehrmals zwischen Adenauer und Robert Schuman, dann zwischen Adenauer und Charles de Gaulle.

Vieles in zur Schau getragenen »Freundschaften« ist gekünstelt und gehört mehr zu den »public relations« als zur echten Gefühlswelt. Wie später die Freundschaft zwischen Helmut Schmidt und Valéry Giscard d'Estaing, so hat die Verbindung Schuman/ Adenauer und vor allem Adenauer/de Gaulle im Rückblick (wozu der Rückblick der Beteiligten gehört, wenn sie an die Zeit zurückdenken, in der sie gleichzeitig mit dem Freund an der Macht waren) viel harmonischer und verständnisvoller ausgesehen, als sie es in schwierigen politischen, mit Hintergedanken und List beladenen Gesprächen tatsächlich war. Aber man sollte sich vor der entgegengesetzten Übertreibung hüten, was manche Biographen leider nicht tun: Das Zusammenwirken der drei Europäer Adenauer, Schuman und de Gasperi, die aus vom Krieg bedrohten Grenzgebieten stammten, hatte eine echte menschliche Grundlage, und die Europapolitik, die mit dem Schuman-Plan 1950 entstand, entsprach nicht nur der kalten Realpolitik, sondern auch einer gemeinsamen schöpferischen Zukunftsvision, bei der sich der Kanzler um so mehr engagieren konnte, als die Industrie- und Wirtschaftsverbindungen über die Grenze hinweg sein altes Anliegen waren – um unter anderem deutsch-französische Konflikte zu überwinden. Allerdings sind die Verträge, die echte Konflikte beseitigten, nicht notwendigerweise mit den als Freund empfundenen oder (und) dargestellten Partnern abgeschlossen worden. Die Pariser Verträge vom Oktober 1954, die im Mai 1955 in Kraft getreten sind und heute noch weitgehend das Schicksal der Bundesrepublik bestimmen, sind mit Pierre Mendès France ausgehandelt und von ihm unterschrieben worden. Und der letzte deutsch-französische Vertrag, der echte Hindernisse aus dem Weg räumte, war nicht der dann später viel gefeierte Elysée-Vertrag mit de Gaulle vom 22. Januar 1963, sondern der Luxemburg-Vertrag von 1956, in dem mit dem französischen Ministerpräsidenten Guy Mollet die Eingliederung des Saarlandes in die Bundesrepublik und die Kanalisierung der Mosel festgelegt wurden.

Guy Mollet war zugleich Generalsekretär der französischen sozialistischen Partei. Zusammen mit dem belgischen Sozialisten und Außenminister Paul-Henri Spaak war er ein Mitstreiter für die europäische Integration, so daß sie, hätten beide gebetet, Gott den Vater angefleht hätten, den christdemokratischen Kanzler in Bonn an der Macht zu halten und die Katastrophe eines SPD-Sieges zu verhindern. Jedenfalls war es so, bis sich am Ende der fünfziger Jahre die SPD zur Europa-Politik Adenauers bekehrte – so wie sich später die CDU zur Ostpolitik Willy Brandts bekehren sollte. Daß die guten Beziehungen zwischen Bonn und Paris nicht von der politischen Parteizugehörigkeit der Partner

Ohne das Nachdenken, ohne das Nachlesen dessen, was andere vorher geschrieben haben, ist Demokratie nicht zu erhalten.
HELMUT SCHMIDT

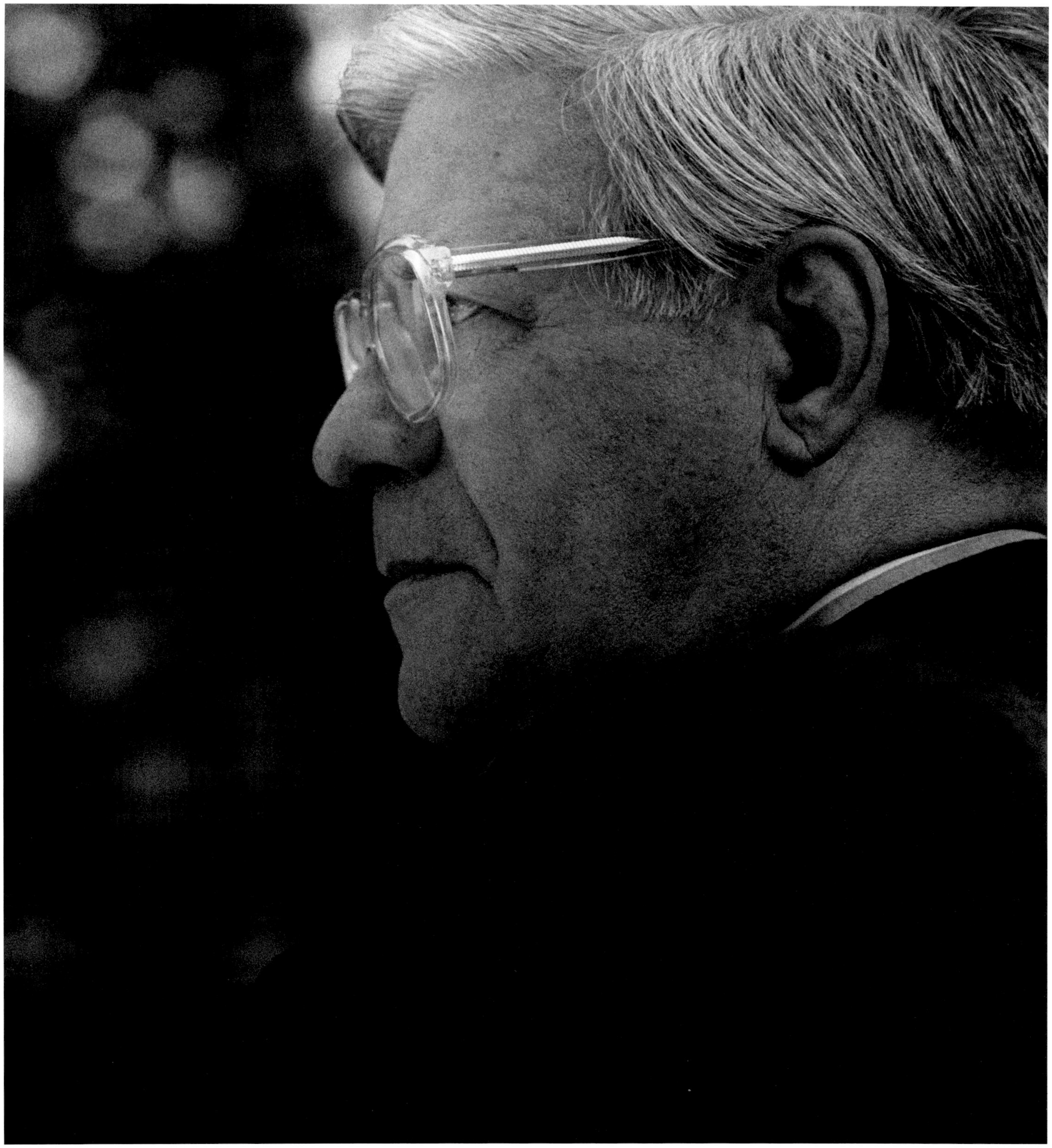

abhängen mußten, das hat man nach Adenauer/Mollet mit den »Paaren« Schmidt/Giscard d'Estaing und Kohl/Mitterrand sehen können.

Hat Adenauer nicht zu viele Zugeständnisse gemacht, um eine Europäische Gemeinschaft zu fördern? Im Rückblick wird in der Bundesrepublik immer mehr vergessen, was Adenauers Europa-Politik der Bundesrepublik gebracht hat: Während für die anderen Länder die Supranationalität ein Hintersteigen von den Höhen der nationalen Souveränität bedeutete, so gab es für die Bundesrepublik ein Hinaufsteigen zur Gleichberechtigung und zu einer beinahe vollständigen Souveränität. Umstrittener ist Adenauers Zustimmung zur Europäisierung der Saar, die dann durch die Volksabstimmung 1955 verhindert wurde. Eine Karikatur nach dem Vertrag von Luxemburg stellte die Dinge folgendermaßen dar: Das kleine Saarmädchen kommt zum Kanzler und bittet ihn, in sein Haus aufgenommen zu werden. Der Kanzler weist ihm die Tür; nachdem es der Saar doch gelingt, mit Hilfe anderer zum Fenster hineinzukommen, setzt Adenauer das Mädchen auf seine Knie, stellt sich den Fotografen und nimmt die Glückwünsche zur Rückkehr des verlorenen Kindes entgegen. Dabei wurde verkannt, daß die Rückkehr des Saarlandes nur deshalb ausgehandelt werden konnte, weil die durch Adenauers Europa- und Frankreichpolitik hergestellte Atmosphäre sie ohne französische Bitterkeit und Verkrampfung erlaubte.

Das soll nicht heißen, daß Adenauers Westpolitik ohne Widersprüchlichkeiten geführt worden wäre. Mindestens zwei Ungereimtheiten waren recht offenbar: Einerseits die Behauptung, die europäische Integration der Sechs sei der beste Weg zur Wiedervereinigung; andererseits der Wille, mit de Gaulle weiterzugehen und, entgegen dem Wunsch der Bundestagsparteien, Großbritannien nicht viel entgegenzukommen, wo doch London viel mehr als Paris auf die intime Zusammenarbeit mit den USA pochte, die Adenauer ja auch anstrebte. Genügt es da, wie sein Biograph zu sagen: »Er besitzt das glückliche Naturell, auf die Unvereinbarkeit von Zielen, die er gleicherweise anstrebt, keine großen Gedanken zu verschwenden«? Ist es nicht wirklichkeitsnäher, festzustellen, daß er Prioritäten hatte, zu denen eben die sowieso unmögliche Wiedervereinigung nicht gehörte? Und daß er eben alles standfest und zielbewußt diesen Prioritäten unterordnete? Darauf beruhte ja gerade seine ständige Warnung – noch häufiger ausländischen Gesprächspartnern vertraulich mitgeteilt als öffentlich verkündet – vor einer Bundesrepublik ohne Adenauer. Das »Ach Gott, was soll aus Deutschland werden?« war ein gutes Drohmittel in Verhandlungen: »Wenn ihr mir nicht gebt, was ich verlange, so stürze ich, und wehe euch, wenn ein anderer kommt!« Es entsprach auch einer Überzeugung, die durch den Willen, an der Macht zu bleiben, ja sich anzuklammern, verstärkt wurde. War doch die Macht sozusagen das Lebenselixier des alten Mannes!

Als der Lotse von Bord gehen mußte, hat sich nicht allzuviel verändert, und die prophezeiten Katastrophen sind ausgeblieben. Weil er Route wie Weichen festgelegt hatte? Oder weil weder die innere noch die internationale Lage einen Umschwung oder eine Erschütterung zuließen? Unter Erhard wurden lediglich Akzente verschoben. Mit Paris kam es zu einer Abkühlung, unter anderem weil beiderseitige Widersprüche in der Europa-Politik viel klarer ans Licht traten als vorher. De Gaulle wollte Großbritannien nicht hereinlassen, weil es ein integriertes Europa verhindern würde – das auch er strikt ablehnte! In der Wirtschaftspolitik war der Widerspruch jedoch ein deutscher: Was hieß, eine Europäische Gemeinschaft wollen, wenn diese in einer uferlosen Freihandelszone aufgehen sollte? Da der weltweite Wirtschaftsliberalismus, mit Vereinigung der Notwendigkeit einer wirtschaftsorientierten europäischen Organisation, Ludwig Erhards Grundphilosophie entsprach, betonte er als Kanzler auf politischer Ebene, was er als Minister praktiziert hatte. Dies gab ihm einen zusätzlichen Grund, noch mehr auf ungetrübte Beziehungen mit den USA erpicht zu sein, als es Adenauer gewesen war. Aber die ständige Unterstützung der amerikanischen Vietnam-Politik war mehr von dem Willen bedingt, nichts zu tun, was das amerikanische Vertrauen in die Bundesrepublik schwächen könnte, weil dieses Vertrauen als notwendig betrachtet wurde, um die Bereitschaft der Vereinigten Staaten aufrechtzuerhalten, die Bundesrepublik zu verteidigen. Vor allem zu einer Zeit, als de Gaulle mit Moskau zu liebäugeln schien und die NATO spektakulär verließ. Da er den Vietnamkrieg nicht kritisierte, sprach er nicht anders als die SPD – die sich ja gerade deswegen Sympathien auf ihrer Linken verscherzte.

Unter Kiesinger ging es mit Paris besser. Aber die Bedeutung eines solchen »besser« ist schwer einzuschätzen: Selten hat es weniger menschliches Verständnis zwischen den beiden Bestimmenden gegeben als zwischen Kanzler Brandt und Präsident Pompidou – mit viel Mißtrauen auf dessen Seite –, und trotzdem ist gerade in dieser Zeit die europäische Bewegung wieder in Gang gekommen. Weniger allerdings als ab 1974, wo es beinahe gleichzeitig in Bonn, Paris, London und Washington neue Männer an der Spitze gab. Helmut Schmidt hat es

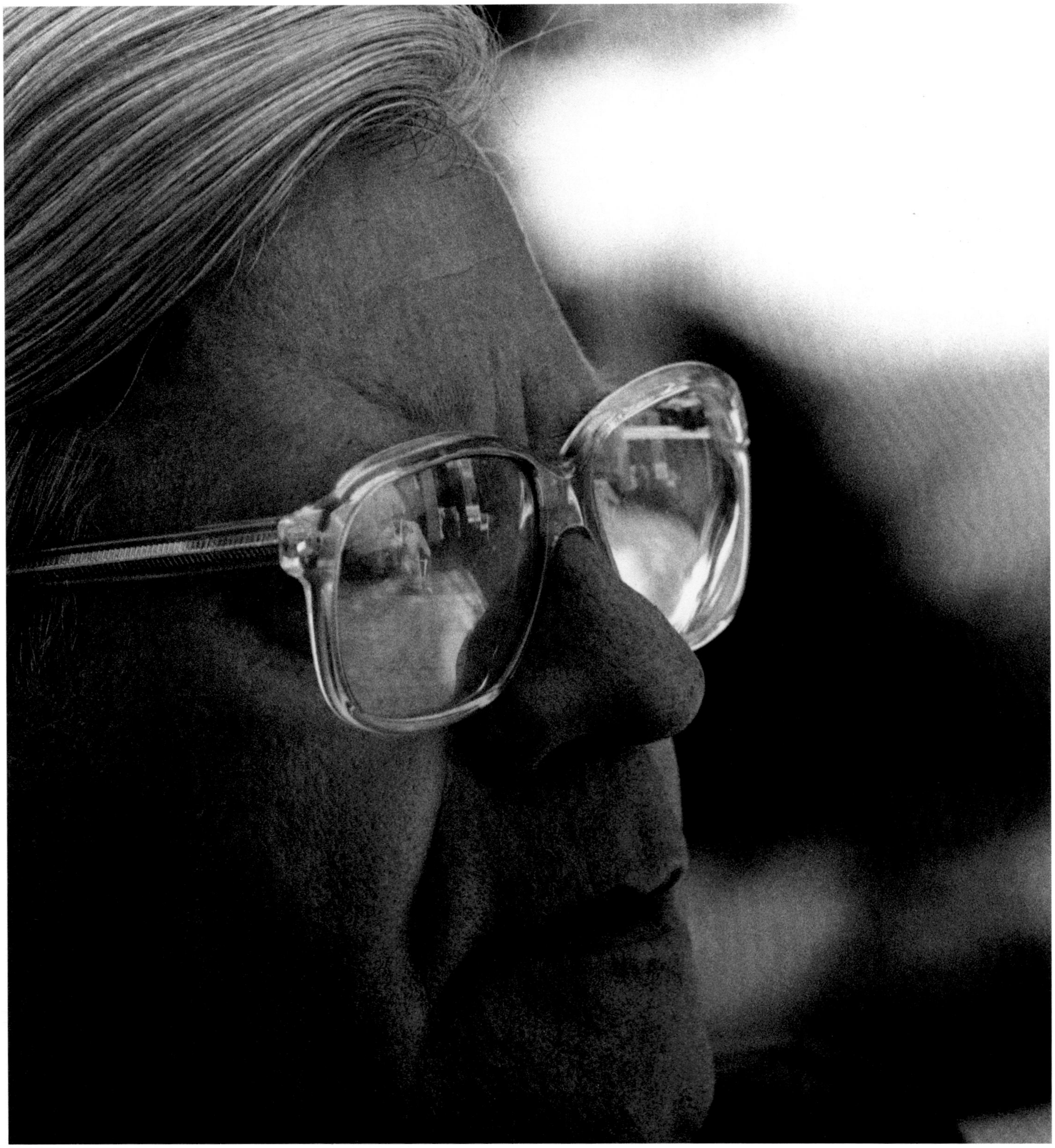

95

verstanden, zusammen mit Valéry Giscard d'Estaing eine dauerhafte Verbesserung in das so wichtige Währungssystem der Gemeinschaft einzuführen, ohne dabei von Washington der europäischen Abkapselung beschuldigt zu werden, und dies, obwohl er den amerikanischen Präsidenten mit viel mehr offener Kritik entgegentrat als seine Vorgänger. War er doch der Kanzler, der auf dem Gebiet der Verteidigung mit sehr viel Energie eine von Washington als absolut notwendig erachtete Entscheidung gegen eine ebenso starke innere artikulierte Ablehnung durchsetzte. Als sich 1984 die Politik des »Doppelbeschlusses« als richtig und friedenschaffend erwies (ohne die Pershings wären die SS 20 geblieben und es wäre nicht zur Null-Lösung gekommen), war Schmidt nicht mehr an der Macht, weitgehend, weil er dem Druck von innen – auch aus seiner Partei – nicht nachgegeben hatte.

Als er stürzte, hatte seit anderthalb Jahren François Mitterrand Giscard d'Estaing ersetzt. Wenn dieser dann mit Helmut Kohl so gut auskam, dann vielleicht unter anderem, weil beide keine Wirtschaftsexperten waren und deshalb von Helmut Schmidt mit einiger Herablassung behandelt worden waren. Jedenfalls hat Helmut Kohl sehr positive Ergebnisse bei seiner Frankreich- und Europa-Politik verzeichnen können. Gewiß waren manche von äußeren Veränderungen bestimmt. So die französisch-amerikanische Annäherung unter Mitterrand und die neuen französischen Überlegungen auf dem Gebiet der europäischen Verteidigung. Aber diese konnten nur erfolgen, weil ein Vertrauensverhältnis zum Bundeskanzler bestand. Mit einigen Hintergedanken im Stil »An den müssen wir uns halten, sonst kommen diejenigen, die die Bundesrepublik etwas nach Osten abdriften lassen würden« hat 1987/88 das gesamte französische politische *Establishment* die guten Beziehungen zum Bundeskanzler als Grundlage der Außen- und Europa-Politik verkündet. Der Wahlkampf zwischen Jacques Chirac, Raymond Barre und François Mitterrand verlief etwa nach dem Motto »Mir ist Helmut Kohl mehr gewogen als meinen Rivalen!« – dies zu einer Zeit, als in der Bundesrepublik die demoskopischen Untersuchungen den Kanzler nicht gerade an die Spitze der populären Politiker setzten. Und die bundesdeutsche Presse hat auch die Leistung Helmut Kohls bei den europäischen Gipfeltreffen unter deutschem Vorsitz viel weniger gelobt und bewundert als die internationale Presse und als die Teilnehmer der anderen Staaten. Hatte er doch den europäischen Karren mit Geschick und Druck (auf Mrs. Thatcher, nachdem er den Holländer wuchtig umgestimmt hatte) wieder in Bewegung gebracht!

OSTPOLITIK

Konrad Adenauers Politik nach Osten galt und gilt als Ausdruck der Härte, der Unnachgiebigkeit, der Ablehnung. Versucht man unvoreingenommen zu sein, so sieht man sich zu Differenzierungen genötigt. Die Ablehnung beruhte zugleich auf alten Gefühlen und auf der Anerkennung einer Tatsache, die den damaligen (und wahrscheinlich heutigen) Überzeugungen der überwiegenden Mehrzahl der Bürger der Bundesrepublik entsprachen: Die Sowjetunion wird den von ihr beherrschten Teil Deutschlands nicht freilassen; sollte sie die Herstellung eines Einheitsstaates begünstigen, dann nur, um auf Gesamtdeutschland Einfluß zu nehmen – also lieber keine Wiedervereinigung als die Gefahr des Freiheitsverlusts für die Deutschen in der Bundesrepublik. Die einzig annehmbare Form der Wiedervereinigung wäre somit die schiere Ausdehnung, die Erweiterung der Bundesrepublik nach Osten – was für die Sowjetunion unannehmbar wäre. Dazu kam im März 1952 die berechtigte Überzeugung, daß der Hauptzweck der Stalin-Friedensnote die Verhinderung der West-Verträge war. Einen Willen zum »roll-back«, zur Rückeroberung, gab es nicht. Sogar am 17. Juni 1953 tat die Bundesregierung nichts, um den Aufstand gegen die Ulbricht-Regierung dazu zu benutzen, das Regime zum Sturz zu bringen und der Bevölkerung mit machtpolitischen Mitteln zur Freiheit zu verhelfen.

1955 kam dann sogar eine Politik der Öffnung. Wie es 1984 wieder der Fall sein sollte, war es zur Entspannung gekommen, nicht obwohl, sondern weil der Westen sich nicht hatte beirren lassen. Die Sowjetunion hatte gedroht, der Eintritt der Bundesrepublik in die NATO würde schlimme Konsequenzen haben. Kaum war er am 9. Mai 1955 vollzogen, als der österreichische Staatsvertrag endlich unterschrieben wurde und im Juli ein recht freundliches Gipfeltreffen der vier Großen in Genf stattfand. Adenauers Moskau-Reise entsprach dieser Stimmung, die ihn auch Reden halten ließ wie die vom 9. September, die später ebensogut von Willy Brandt hätte gehalten werden können:

»Das oberste Gut, das es für alle Deutschen zu wahren gibt, ist Friede. Wir wissen nur zu gut, wie sehr insbesondere das sowjetische und deutsche Volk unter dem letzten Krieg gelitten haben. Auch in Deutschland weiß man, daß (die Atomspaltung) den Menschen Möglichkeiten der Vernichtung in die Hand gegeben hat, an die wir nur mit Schaudern denken können. Schließlich weiß jedermann in Deutschland, daß die geographische Lage unseres Landes uns im Falle eines bewaffneten Konflikts besonders gefährden würde. Ich denke an einen Gewaltverzicht, an Rüstungsbegrenzungen und -kontrolle (…) Für die Gestaltung unserer Beziehungen zu den Völkern der Sowjetunion wünschen wir uns dies: Friede, Sicherheit, wirtschaftliche Zusammenarbeit und Vermeidung von Spannungen.«

Tat aber auch Adenauer alles, um Spannungen zu vermeiden oder zu überwinden? Daß die deutschen Gebiete jenseits der Oder und der westlichen Neiße polnisch geworden waren – vor allem dank der barbarischen Vertreibung ihrer deutschen Einwohner –, das konnte jeder Einsichtige bereits 1950 verstehen. Es gehörte viel politischer Mut dazu, es zu sagen. Es gab darüber hinaus einen großen Unterschied zwischen dem Verschweigen der Realität und der Ermutigung falscher Hoffnungen, besonders bei den Landsmannschaften. 1951 versuchte er einerseits die Westalliierten davon zu überzeugen, daß sich das gemeinsame Ziel der Wiedervereinigung Deutschlands auch auf die Gebiete jenseits von Oder und Neiße erstrecken müsse, und andererseits verkündete er in Berlin: »Das Land jenseits der Oder-Neiße-Linie gehört für uns zu Deutschland.« Vielleicht war es unter Erhard noch zu früh, um wirklichkeitsnäher zu sprechen. Bundeskanzler Kiesinger geht 1968 in einer Bundestagsrede zum Bericht zur Lage der Nation viel weiter:

»Ja, es ist wahr: hinsichtlich der Gebiete jenseits der Oder und Neiße denken die Völker der Welt recht einhellig (…) Ich bin für Wahrhaftigkeit. Ich denke zum Beispiel durchaus daran, daß in den Gebieten jenseits der Oder und Neiße, den alten deutschen Gebieten, heute etwa acht Millionen Menschen leben, von denen rund 900 000 Deutsche sind. Ich weiß aber auch, daß heute schon 40 Prozent der dort Lebenden dort geboren sind (…).«

1970 hat dann Willy Brandt die Ostverträge unterschrieben, 1975 Helmut Schmidt das Helsinki-Abkommen, in denen die polnische Grenze – allein oder mit anderen Grenzen – als unverrückbar dargestellt wird. Als Helmut Kohl Kanzler geworden war, tauchte eine alte Diskussion wieder auf, in die er mit wenig Sinn für Klarheit eingriff: Muß nicht eine endgültige Entscheidung einem Friedensvertrag mit dem wiedervereinigten Deutschland vorbehalten bleiben? Wenn dem so wäre, dann könnte sich die Bundesrepublik auch im Westen nicht binden, und die anderen Mitglieder der Europäischen Gemeinschaft hätten keinen echten deutschen Partner, weil dessen Unterschrift nur befristet gelten würde. Helmut Kohl hat aber zugleich sehr klar und mutig gesprochen. So hat er im Mai 1986 vor dem Sudetendeutschen Tag (wo er allerdings vielleicht nicht hätte erscheinen sollen, nach unwürdigen Angriffen einer

*Das Wesen der freiheitlichen Demokratie
ist nicht einfach, daß die Mehrheit herrscht, sondern daß diese
Mehrheit weiß, über welche Dinge man legitimerweise
Mehrheitsentscheidungen fällen darf und worüber man dies nicht darf.*
HELMUT SCHMIDT

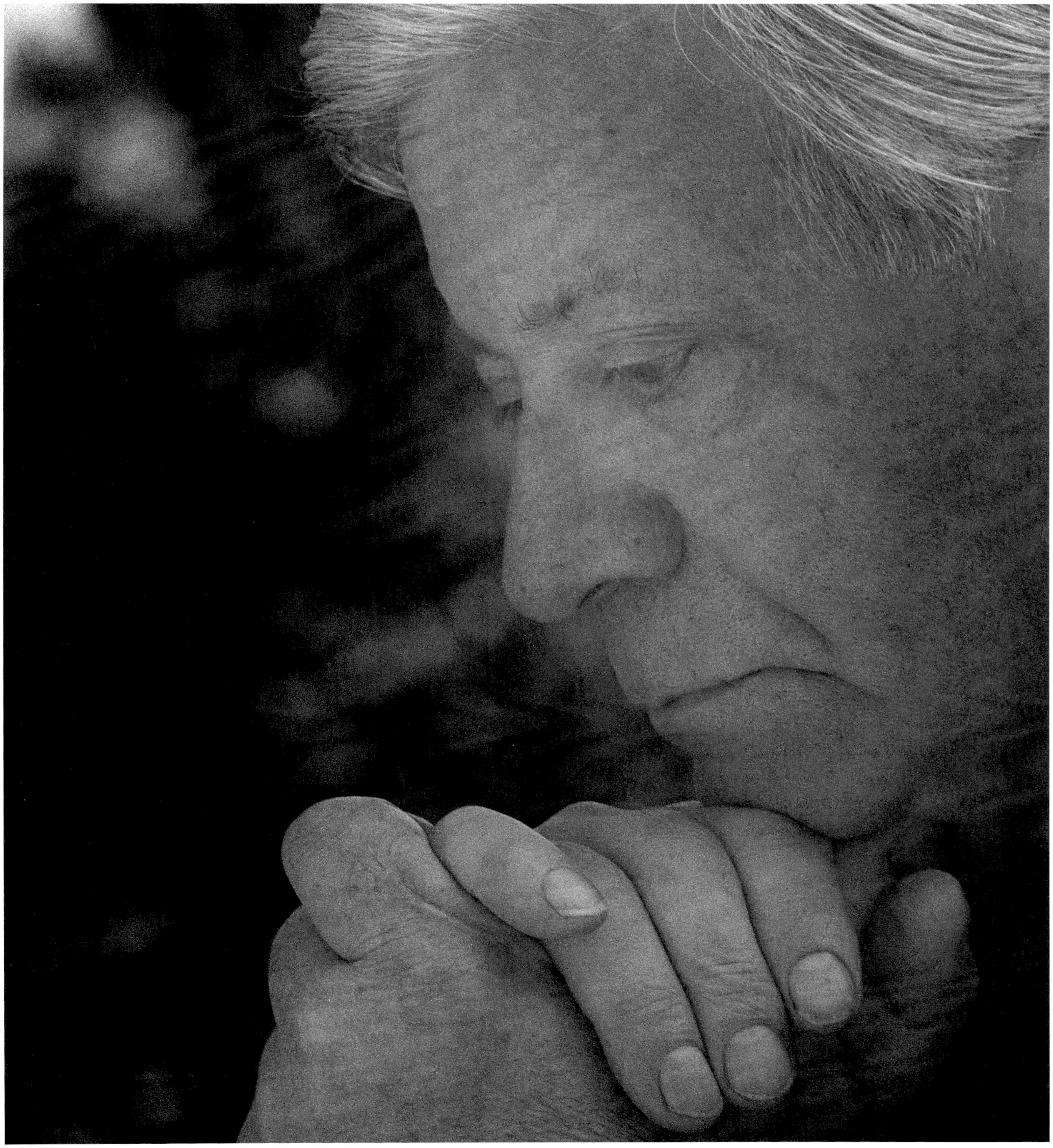

Zeitung der Sudetendeutschen Landsmannschaft gegen den Bundespräsidenten) zwei wesentliche Dinge gesagt. Über die Vertreibungen: »Ohne Hitlers Aggressionspolitik wäre es zu alldem nicht gekommen, denn schreckliche Verbrechen in deutschem Namen waren vorausgegangen.« Zu der Grenzenproblematik: »Staatsgrenzen durchlässiger machen und ihren trennenden Charakter aufheben, das ist das Ziel unserer Politik. Wir bleiben uns bewußt, daß die Unverletzlichkeit der Grenzen und die Achtung der territorialen Integrität und Souveränität sämtlicher Staaten in Europa in ihren gegenwärtigen Grenzen eine grundlegende Bedingung für den Frieden ist.«

Galt das auch für die DDR? Diese war 1949 zugleich legitim und illegitim entstanden. Die vier Siegermächte hatten zusammen die deutsche Souveränität an sich gerissen. Eine der vier hatte ebensowenig oder ebensogut wie die drei anderen das Recht, diese Souveränität einem Teil Deutschlands zu leihen oder zu schenken. Aber die Bundesrepublik mit ihren Institutionen und ihren Parteien ist aus dem freien Willen ihrer Bürger entstanden, die DDR nicht. Daß man ihre Anerkennung verhindern wollte, war verständlich. Aber Adenauer ließ von Anfang an bewußt ein Mißverständnis über den Begriff des Alleinvertretungsrechts entstehen. Die drei Westmächte sagten, daß die Bundesregierung die einzige deutsche Regierung sei, die international auftreten dürfe, nicht aber, daß sie auch die Deutschen vertrete, die jenseits der Elbe wohnten. Diese Zweideutigkeit hat lange angehalten.

So wie die Frage nach der Behandlung der Staaten, die die DDR anerkannt hatten oder anerkennen würden. Eine Frage, die sehr differenzierte und juristisch ausgeklügelte Antworten erforderte, nachdem 1955 Adenauer normale Beziehungen mit der Sowjetunion hergestellt hatte. Adenauer und Erhard handelten auf der Grundlage der sogenannten Hallstein-Doktrin, die den Abbruch diplomatischer Beziehungen zu Ländern forderte, welche die Sowjetische Besatzungszone als souveränen Staat anerkannten, und die langsam eine immer schwerere Belastung darstellte: Die ganze Energie der bundesdeutschen Diplomaten in Drittländern anderer Kontinente war der Verhinderung einer Anerkennung der DDR gewidmet, und wenn diese irgendwo (beim Sport oder bei Messen) auftrat, mußten sich die Vertreter der Bundesrepublik zurückziehen. Kurt Georg Kiesinger hat einen großen Schritt getan, als er am 13. Juni 1967 einen Brief schrieb, der an folgenden Adressaten gerichtet war: Herrn Willi Stoph, Vorsitzender des Ministerrats X 1000 Berlin

Es war ein ablehnender Brief, und es kam nicht zum Ausdruck, in welchem Staat es diesen Ministerrat gab. Aber daß es mit der Großen Koalition eine echte Veränderung gegeben hat, ist unbestreitbar.

Der Umschwung kam jedoch erst mit Willy Brandt als Kanzler. Es galt nun, die Abtrennung, das heißt die Abgeschlossenheit der Menschen in der DDR, durch Anerkennung einer zweiten deutschen Staatlichkeit wenigstens einigermaßen zu überwinden. Das Verleugnen der Existenz des anderen Staates hatte wenig Positives gebracht und war in der 1963 einsetzenden Entspannungsperiode immer mehr zum Hindernis geworden. Die Ostpolitik Willy Brandts hat viel weniger Veränderungen geschweige denn Wandlungen in dem System der DDR erzeugt, als es sein Unterhändler Egon Bahr erhofft und wahrscheinlich geglaubt hatte. Aber die »pessimistische Zuversicht« des anderen Gesprächspartners der Ostregierungen, des Berufsdiplomaten Paul Frank, hat sich als gerechtfertigt erwiesen. Millionen von Reisen, ungehinderte Ausstrahlung von ARD und ZDF in die DDR, Hunderttausende neuer Telefonleitungen: Trotz Weiterbestehen von Mauer und Stacheldraht in Berlin und an der gesamten Trennungslinie zwischen den deutschen Staaten ist die Entfremdung zwischen Deutschen und Deutschen zumindest gebremst worden.

Helmut Schmidt ist diesem Kurs treu geblieben, sogar während der Polen-Krise, was ihm den Vorwurf einbrachte, Solidarność den Beziehungen mit Erich Honecker zu opfern. Der symbolische Höhepunkt der Ostpolitik wurde 1987 erreicht, als Bundeskanzler Kohl den Vorsitzenden des Staatsrats der DDR und Ersten Sekretär der SED in Bonn empfing: Erich Honecker wurde protokollarisch mit Fahne und Hymne begrüßt, woraufhin er bald verkündete – gewissermaßen als Gegenleistung für die protokollarische Ehrung –, daß es einige hunderttausend weitere Reisegenehmigungen von der DDR in die Bundesrepublik geben würde.

Damit ist aber ein Problem nicht gelöst, das sich bereits zur Zeit Adenauers gestellt, und für das sich bisher keine Lösung gefunden hat, weil es keine klare Lösung geben kann, das aber zur Zeit Gorbatschows noch viel schwieriger geworden ist: Europa. Das Wort Europa hat notwendigerweise in der Bundesrepublik eine doppelte Bedeutung. Einerseits handelt es sich um die Europäische Gemeinschaft, die dank Adenauer, dank Schmidt, dank Kohl immer mehr echte gemeinschaftliche Züge annimmt. Andererseits gibt es auch als menschliche, kulturelle, geistige Realität und als politische Hoffnung ein Gesamteuropa, dessen östlicher Teil gezwungen ist, in Unfreiheit zu leben, der Teil, in den die DDR

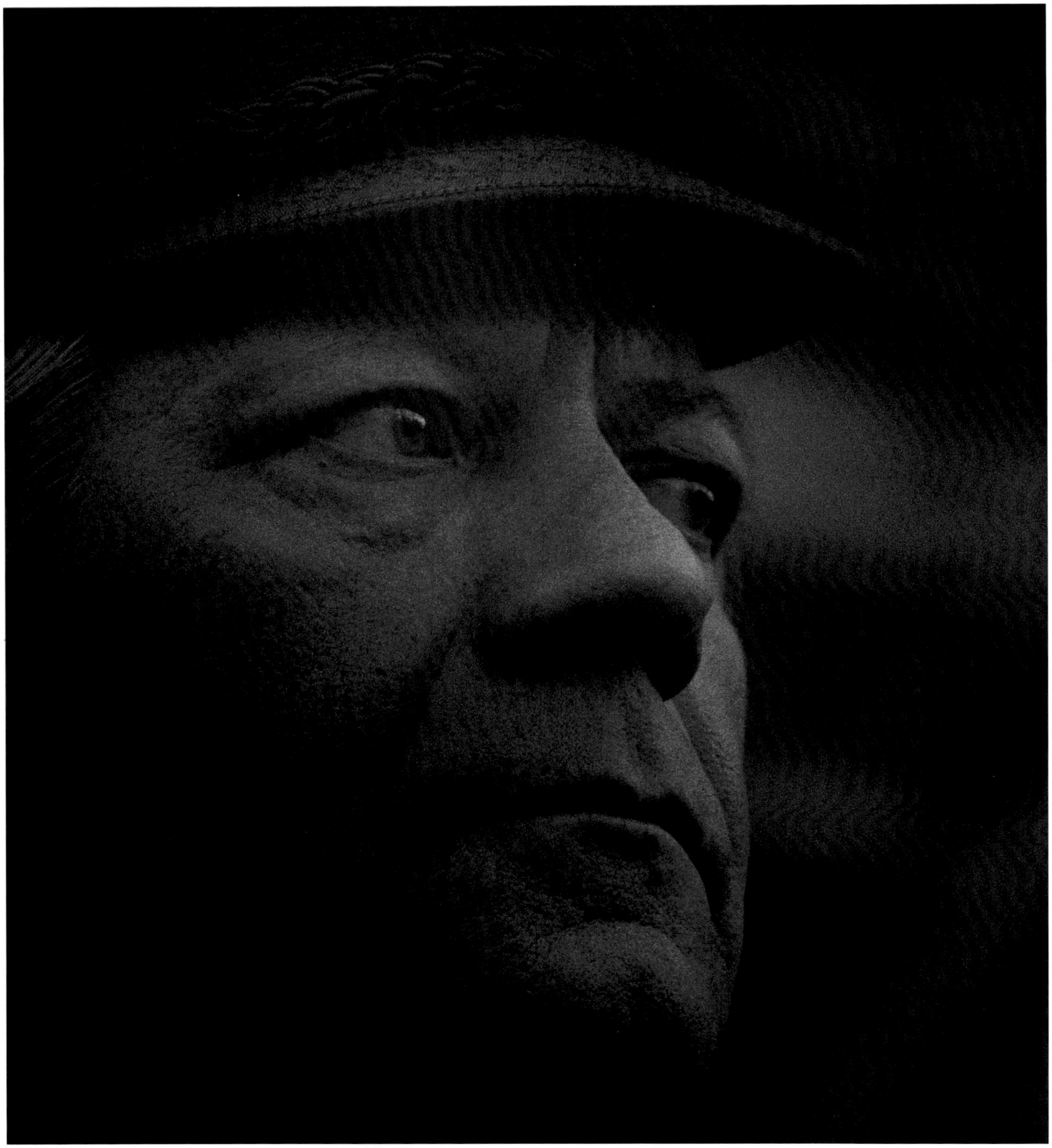

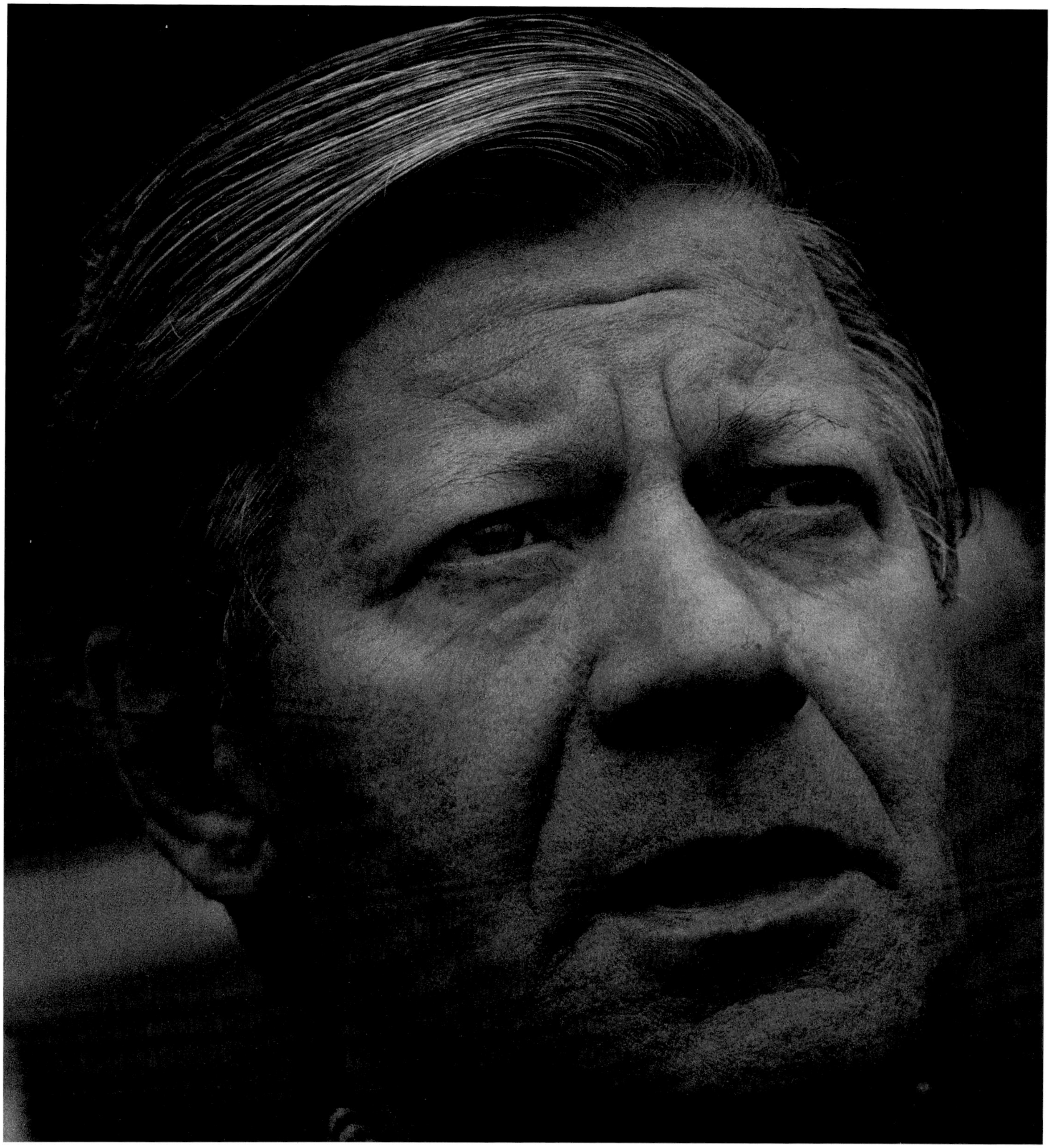

104

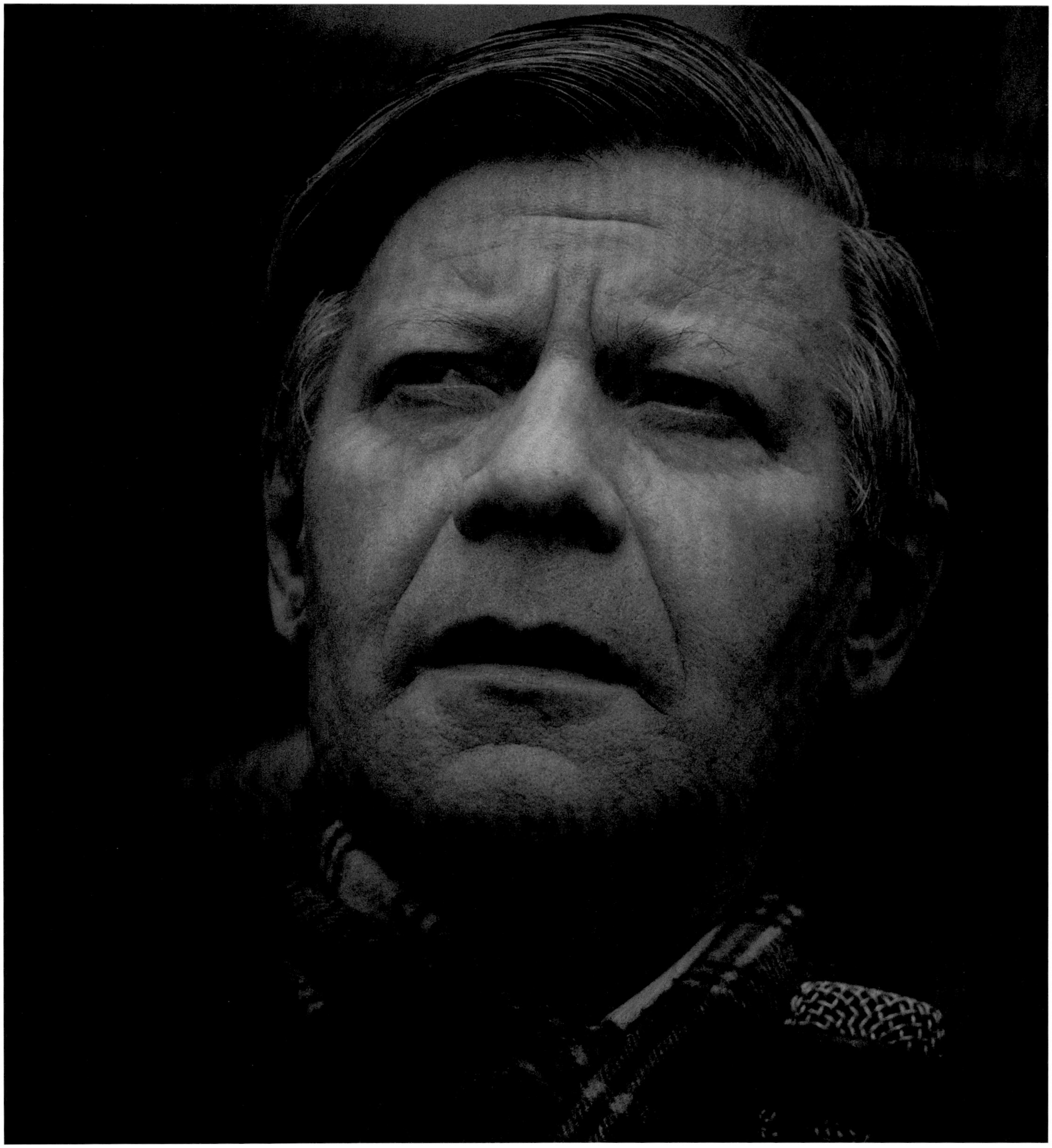

und ihre Einwohner eingebettet sind. Inwieweit kann die Gemeinschaft dazu dienen, die Grenze zum anderen Europa noch durchlässiger zu machen? Mit einer größeren Durchlässigkeit der deutschdeutschen Grenze als Konsequenz oder als Mittel? Und gehört nicht die Anerkennung der Dauerhaftigkeit dieser Grenze zu den Voraussetzungen ihrer größeren Durchlässigkeit? Europa im Westen ist kein Mittel zur staatlichen Wiedervereinigung Deutschlands, aber wohl zum größeren Sichwiederfinden der Deutschen – was den Bürgern der Bundesrepublik notwendigerweise Zugehörigkeits-, das heißt Identitätsschwierigkeiten bringt.

WIRTSCHAFT, GESELLSCHAFT UND GEIST

Adenauer für die Europapolitik, Willy Brandt für die Ostpolitik, Helmut Schmidt für die nach seinem Sturz erfolgreiche Doppelbeschlußpolitik: Das Ausland hat gewiß Gelegenheit gehabt, einem Bundeskanzler Applaus zu spenden. Aber auch wenn die Bundesrepublik seit langem kein »politischer Zwerg« mehr ist und mehr unter außenpolitischer Selbstbeschränkung als unter mangelnder Achtung der anderen leidet, so wird sie doch vor allem seit Jahrzehnten für ihre Wirtschaftskraft bewundert, wegen ihrer Wirtschaftsmacht auch mitunter beneidet oder gefürchtet. Inwiefern haben hier jedoch die Bundeskanzler eine entscheidende oder auch nur wichtige Rolle gespielt?

Wenn jemand weichenstellend gewirkt hat, so Ludwig Erhard. Nach seinem Tod 1977 schrieb der damalige SPD-Finanzminister Hans Apel: »Die Sozialdemokraten haben sich zu Beginn der Bundesrepublik Deutschland nur bedingt mit dieser Wirtschaftspolitik anfreunden können (…) Sie stand im übrigen in der damaligen politischen Landschaft auch keineswegs isoliert da. Die CDU vertritt in jenen Jahren mit ihrem Ahlener Programm ähnliche Vorstellungen.« Dann wies er darauf hin, daß es seit der Großen Koalition doch mehr Steuerung der Wirtschaft gegeben habe. Trifft das wirklich zu? In seinem ersten wegweisenden Artikel, in der »Neuen Zürcher Zeitung« vom 14. Oktober 1946, hatte Erhard geschrieben: »Der eigentliche Gegensatz besteht nicht zwischen kapitalistischer und sozialistischer Wirtschaft, sondern zwischen Marktwirtschaft mit freier Preisbildung und staatlicher Befehlswirtschaft (…) Unsere Kritik richtet sich also nicht gegen die mannigfaltig auszudeutende Planwirtschaft, sondern in entschiedener Weise gegen die staatliche Befehlswirtschaft (…) Unter den heutigen Bedingungen besteht die Notwendigkeit, daß der Staat der Wirtschaft planend und regulierend Ziele setzt und die richtungweisenden wirtschaftspolitischen Grundsätze aufstellt.«

War das nur zeitbedingt und den wirklichen Erhard-Liberalismus verschleiernd? Aber sah man sich später den Organisationsplan des Bundesministeriums für Wirtschaft unter Ludwig Erhard an, so entdeckte man eine »Abteilung I: Wirtschaftspolitik«, mit Referaten für Grundsatzprobleme, für regionale Wirtschaftsstrukturen, für Investitionen, Preispolitik, Agrarpolitik, Staatsaufträge und anderes mehr. Dieser ganze Apparat konnte doch nicht den Zweck haben, gewissermaßen brach liegenzubleiben!

Es hat ständig ein Minimum an Steuerung der Wirtschaftsentwicklung existiert, die auf Grundlage von Analyse, Prognose und Zielsetzung durchgeführt wurde, wenn auch die Wörter Lenkung und Planung verpönt blieben. Dabei hat es unterschiedliche Gewichtungen zwischen dem Wirtschafts- und dem Finanzminister gegeben. Und die Kanzler? Welche Verantwortung trugen sie für Schwächeanfälle der Wirtschaft, für das Steigen des Haushaltsdefizits? Kommen ihnen Verdienste bei Wirtschaftserfolgen zu und wie werden diese bewertet – durch persönliche Entscheidungen oder durch Abschirmen und Gewährenlassen des oder der Minister?

Letzteres trifft gewiß für den Kanzler der Großen Koalition zu, der Schiller und Strauß Rückhalt gab, aber nicht der Gestalter ihrer Politik gewesen ist. Adenauer hat viel von Erhard profitiert, hat ihn manchmal widerwillig walten lassen. Er hat sich ihm auch öfters in den Weg gestellt, zuweilen weil er die Politik des Ministers im Widerspruch zur allgemeinen Politik stehend fand, in die sie eingebettet zu sein hatte, mitunter weil er an sich außerhalb der Politik stehenden Kräften gegen den Minister recht gab. Da ein erschöpfter Erhard Kanzler wurde und dazu die Ressorts der Wirtschaft und der Finanzen nicht gerade überragenden Persönlichkeiten anvertraute, ist schwer zu sagen, wie die Verantwortung für die wenig triumphale Bilanz des zweiten Kanzlers zu verteilen ist. Willy Brandts Autorität über Karl Schiller, Helmut Schmidt oder den FDP-Wirtschaftsminister Hans Friderichs war begrenzt. Helmut Schmidt wollte dagegen als Kanzler viel stärker die Wirtschafts- und Finanzpolitik bestimmen, was zu immer größeren und schließlich die Koalition zerstörenden Konflikten mit dem im Oktober 1977 zum Wirtschaftsminister berufenen Grafen Lambsdorff führte. Die gegen Helmut Kohl erhobenen Vorwürfe betrafen weniger einen etwaigen Mangel an wirtschaftspolitischen Impulsen als das Ausbleiben von klaren Entscheidungen, wenn es Konflikte über den einzu-

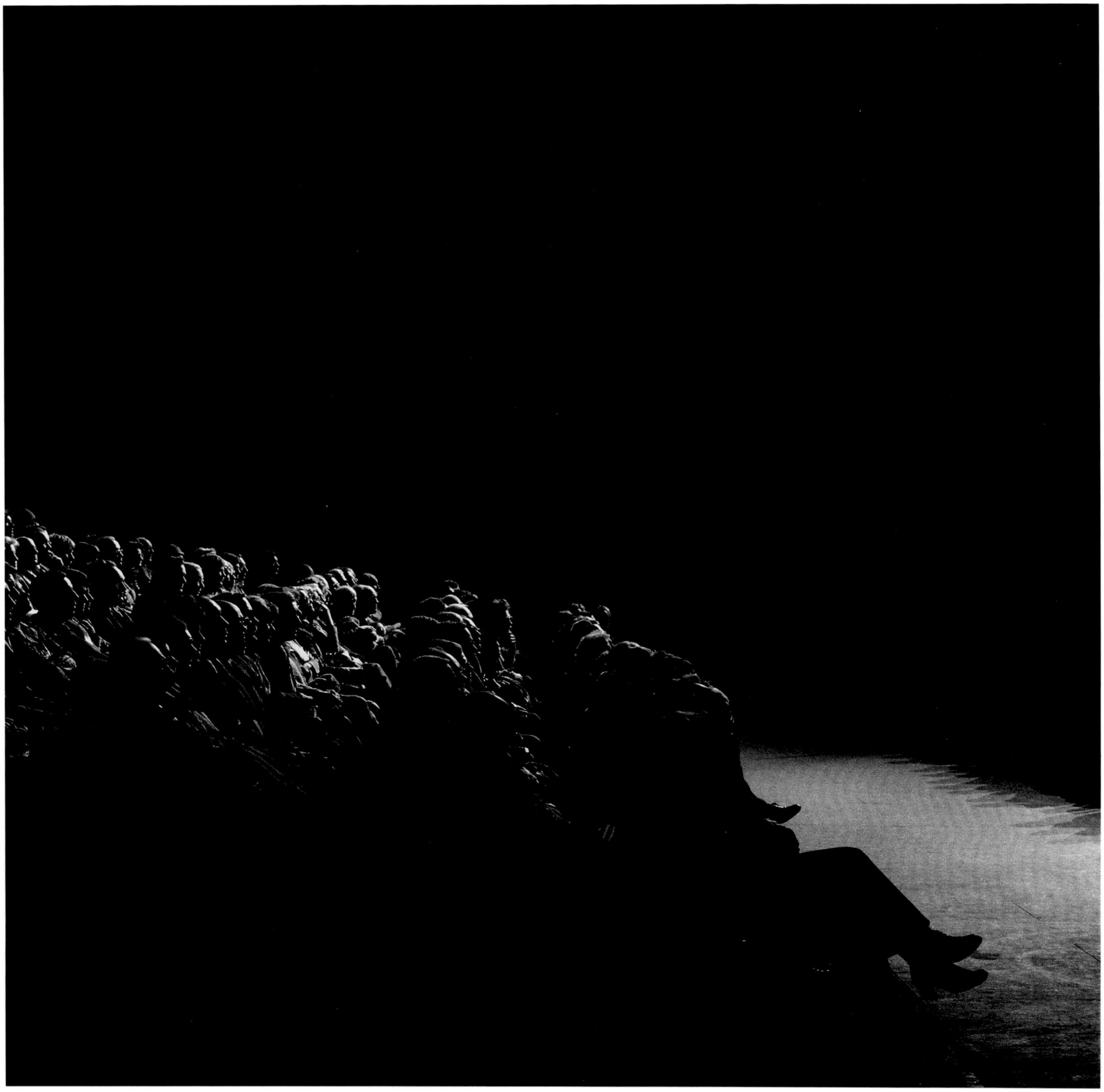

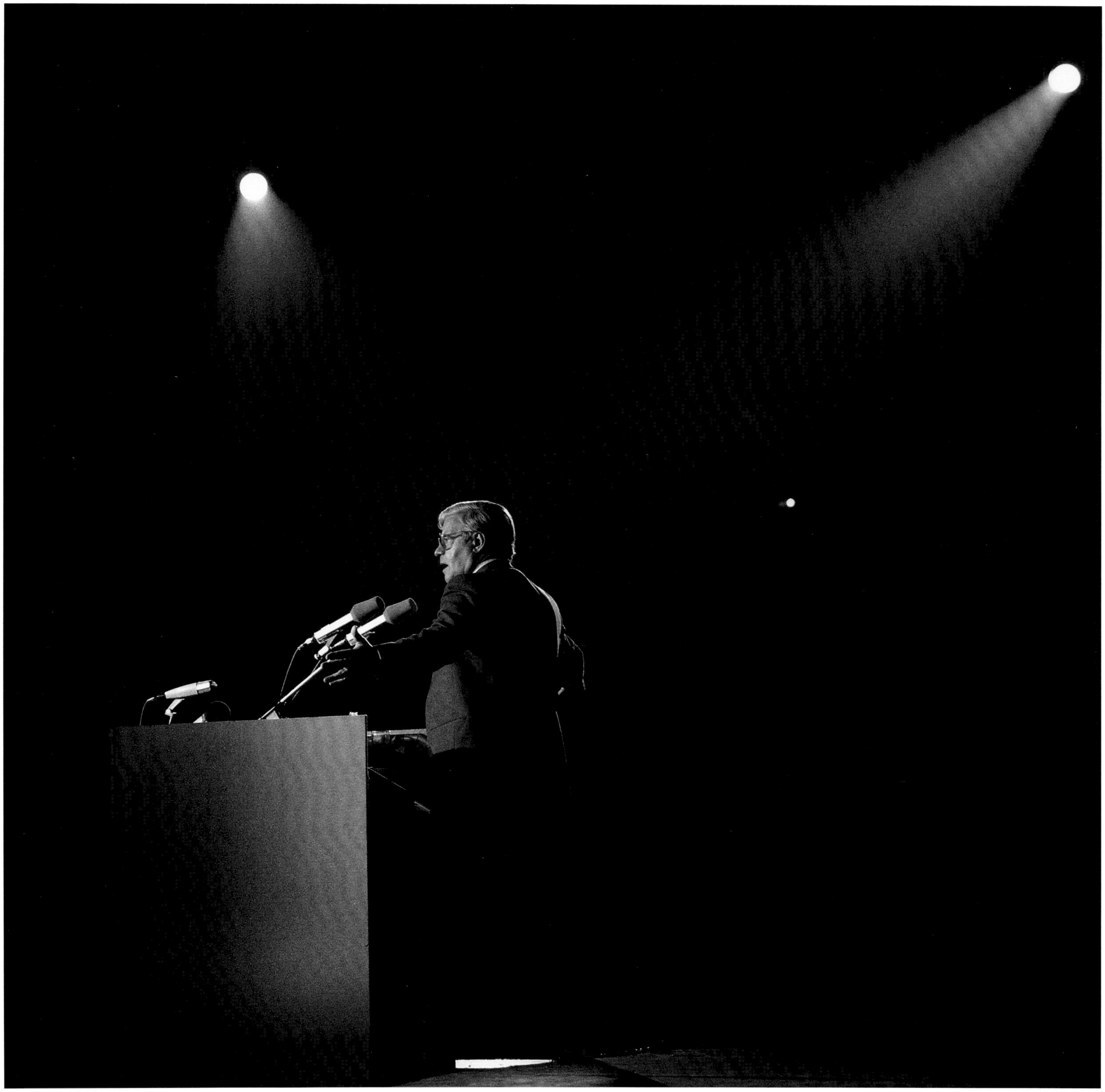

schlagenden Kurs gab. Diese Konflikte können zwischen einzelnen Ministern oder zwischen den Koalitionsparteien oder auch zwischen den Bundesländern auftreten, mitunter auch zwischen einem CDU-geführten Land und dem CDU-Bundesminister der Finanzen, Gerhard Stoltenberg, zu einer Zeit, als dieser nicht mehr als der eigentlich starke Mann des Kabinetts gelten kann.

Es ist bereits etwas merkwürdig, Staatsmännern das Verdienst der guten Steuerung der Wirtschaft zuzuschreiben, wenn diese doch das Ideal des freien Spiels der Marktkräfte auf ihre Fahne geschrieben haben. Was aber, wenn in der Bundesrepublik wie in den Vereinigten Staaten und im Gegensatz zu Frankreich Theorie und Wirklichkeit der Zentralbank eine Macht verleihen, die sich weitgehend in Steuerung umsetzt? Und gehören nicht zu den »freien Kräften« die privaten Mächtigen der Banken und der Industrie, auch nicht nur die Großbanken, deren Hochhäuser die Frankfurter City überragen, sondern auch die im Ausland oft nicht als Wesenselement der deutschen Wirtschaftsentwicklung erkannten Volksbanken, Sparkassen, Raiffeisenbanken? Der den außer-politischen Wirtschaftsmächten am meisten ausgesetzte Kanzler ist vielleicht Konrad Adenauer gewesen. Nicht nur, weil er den Bankier Robert Pferdmenges zum engsten Freund und Berater hatte und dem in Wirtschaft und Gesellschaft äußerst einflußreichen Bankier Hermann Josef Abs volles Vertrauen schenkte. Vielmehr, weil er sich gegen Erhard, der im Namen des freien Wettbewerbs auch gegen Machtballungen und Kartelle kämpfte, gerne auf den Bundesverband der Deutschen Industrie (BDI) stützte.

Vor dessen Mitgliederversammlung stellte er sich im Mai 1956 hinter den BDI-Präsidenten Fritz Berg und verkündete, daß er »unbeteiligt« war »an den Beschlüssen, die in Frankfurt (vom Wirtschaftsminister und von der Bundesbank) gefaßt worden sind«, Beschlüssen, die »der deutschen Konjunktur einen schweren Schlag versetzt« hätten, wie er sagte.

In der deswegen einige Tage später zusammengerufenen Sondersitzung des Bundeskabinetts soll Adenauer, im Hinblick auf die sich nähernden Bundestagswahlen, gesagt haben: »Wer soll denn dat Jeld jeben, wenn es die Industrie nicht tut? Können Sie es etwa bezahlen, Herr Erhard? (...) Dann seien Se doch heilfroh, meine Herren, dat ich die Anjelejenheiten mit der Industrie wieder so leidlich in Ordnung gebracht habe.«

Die Wahlkampffinanzierung war gewiß nicht die einzige, wahrscheinlich auch nicht die wichtigste Motivation des Kanzlers bei seinen Stellungnahmen zugunsten des BDI. Was er dann im Oktober 1959 bei der Feier zu dessen zehnjährigem Bestehen sagte, entsprach seiner Überzeugung, wenn auch bei solchen Gelegenheiten der Politiker als Gast nur Schmeichelhaftes zum Ausdruck bringt: »Der Bundesverband der Deutschen Industrie ist unter der Führung des Herrn Präsidenten Berg ein treuer Helfer bei der Erfüllung all dieser großen und schweren Aufgaben gewesen (…) Ich möchte ihm (dem BDI) vor aller Öffentlichkeit bestätigen, daß er die Zusammenhänge der Wirtschaft, die von ihm vertreten wird, mit den übrigen Teilen der deutschen Wirtschaft, auch die Zusammenhänge der Wirtschaft mit den sozialen Problemen immer klar erkannt hat (…) Er war nie Vertreter etwa einseitiger Interessen, insbesondere nicht einseitiger Interessen der Groß- und Schwerindustrie.«

Ob letzteres zutraf, ist nicht die wesentliche Frage. Viel wichtiger ist es, zu wissen, ob sich das Interesse der Industriellen mit dem der Wirtschaftsentwicklung der Bundesrepublik schlechthin deckt – was letzten Endes von allen Kanzlern, nicht zuletzt von Helmut Schmidt bejaht wurde – und ob jede Wirtschaftsentwicklung in Richtung Wachstum auch tatsächlich im Interesse der Bürger der Bundesrepublik liegt, was in den siebziger und achtziger Jahren von vielen unter anderem im Namen des Umweltschutzes verneint wurde und wird.

»Die Bildung eines Kabinetts ist immer ein neuer Anfang, jedoch keineswegs notwendigerweise ein Einschnitt im Leben des Volkes (…) Keine Regierung beginnt bei Null. Jede Regierung baut auf der Arbeit der vorhergehenden Regierungen auf und keine Regierung kann Wunder vollbringen. Das Mögliche aber muß sie mit aller Kraft verwirklichen.«

So sprach Helmut Schmidt am Schluß seiner ersten Regierungserklärung. Er mußte zwar auf die Kontinuität hinweisen, da ja dieselbe Koalition weitermachte, aber eine solche nüchtern-abgeklärte Feststellung sollte jeder bedenken, der glaubt, eine Regierung und der, der sie leitet, könnten in einem demokratischen System nicht nur die Wirtschaft, sondern dazu noch die Gesellschaft weitgehend verändern, in ihren Strukturen wie in ihren geistigen Orientierungen.

Es bleibt umstritten, wie stark die »restaurativen« Tendenzen gewesen sind, die sich im Nachkriegsdeutschland kundgetan haben. Aber sie Konrad Adenauer zuzuschreiben, als hätte er sie schöpferisch verantwortet, das geht an der Realität vorbei. Ludwig Erhard wird kaum selbst geglaubt haben, daß er die Macht hatte, die bundesdeutsche Gesellschaft zu »formieren« – angenommen, der Begriff der »formierten Gesellschaft« hatte überhaupt eine konkrete Bedeutung. Die Enttäuschung, die Willy Brandt bei manchen hervorrief, die sein Sieg begeistert hatte, fußte weitgehend auf der Überschätzung des Möglichen. Und daß das Wort »Wende« eher zu einem Wunsch- oder einem Feindbild gehört als zur Beschreibung einer plötzlichen und klaren Umänderung in der Gesellschaft und im Geistesleben, das kann jeder unvoreingenommene Beobachter der Bundesrepublik seit 1982 feststellen.

Die für die Zukunft wahrscheinlich verhängnisvollste gesellschaftliche Entwicklung in der Bundesrepublik, nämlich der schnelle Rückgang der Geburtenrate, ist von keinem Kanzler zu verantworten, ist doch der sogenannte »Pillenknick« – der in Wirklichkeit vor der Verbreitung der Pille eingetreten ist – ein internationales Phänomen gewesen. Vielleicht hätten die Kanzler verhindern können, daß das Altern der Bevölkerung die Zukunft nicht noch mehr belastet als in den anderen westeuropäischen Ländern. Aber die anderen hatten nicht die gleiche doppelte Belastung aus der Vergangenheit – Hitlers Geburtenpolitik, die gewisse Wörter oder Ermutigungen unmöglich machte, und die besonders solide Tradition der Verweisung der Frau auf die Mutterrolle, eine Tradition, gegen die dann die Emanzipationsbewegung der Frauen besonders heftig, besonders kinderablehnend aufgetreten ist. Das Fazit ist jedenfalls, daß es kein Kanzler gewagt hat, auf das in den nächsten Jahrzehnten immer unlösbarere Problem der Renten aufrichtig einzugehen. Schuldbekenntnisse wegen falscher langfristiger Prognosen brauchen ja nicht abgelegt zu werden. Bereits Bekenntnisse, daß man Fehlkalkulationen gemacht habe, sind so selten, daß die Rede, die Helmut Schmidt bei der Entgegennahme des Theodor-Heuss-Preises im Januar 1978 gehalten hat, eine bemerkenswerte Ausnahme bildete. Es ging um die Nichteinhaltung von Wahlversprechen zu Rentenerhöhungen. Er sagte, es sei kein Betrug gewesen: »Fehlurteile auf der Grundlage falscher Analyse, wenngleich pflichtbewußter Analyse, Fehlurteile auf der Grundlage falscher Prognosen sind im Bereich der ökonomischen Politik leider unvermeidlich.« Das ging nicht sehr weit in der Selbstanklage, aber immerhin sagte er auch mehr als die anderen Kanzler in ähnlicher Lage: »Es ist bitter, solche Fehler einsehen zu müssen. Es ist bitter, sie öffentlich eingestehen zu müssen. Und es ist bitter, sodann andere gesetzgeberische Beschlüsse empfehlen zu müssen, als man sie selbst früher angekündigt hat.«

Andere soziale Mißentwicklungen sind auch Konsequenzen weltweiter Phänomene gewesen, wobei lediglich gefragt werden sollte, ob es den Kanzlern und ihren Ministern gelungen ist, Rückgänge besser abzufangen, weniger unmenschlich zu

---

*Integration bedeutet ein friedliches Nebeneinander,
ein verständnisvolles Miteinander von Deutschen und Ausländern.
Das Zusammenleben mit einer großen Zahl von Menschen
anderer Mentalität, häufig auch anderer Kultur und anderer Religion
stellt alle Betroffenen vor eine anspruchsvolle Aufgabe.*
HELMUT KOHL

113

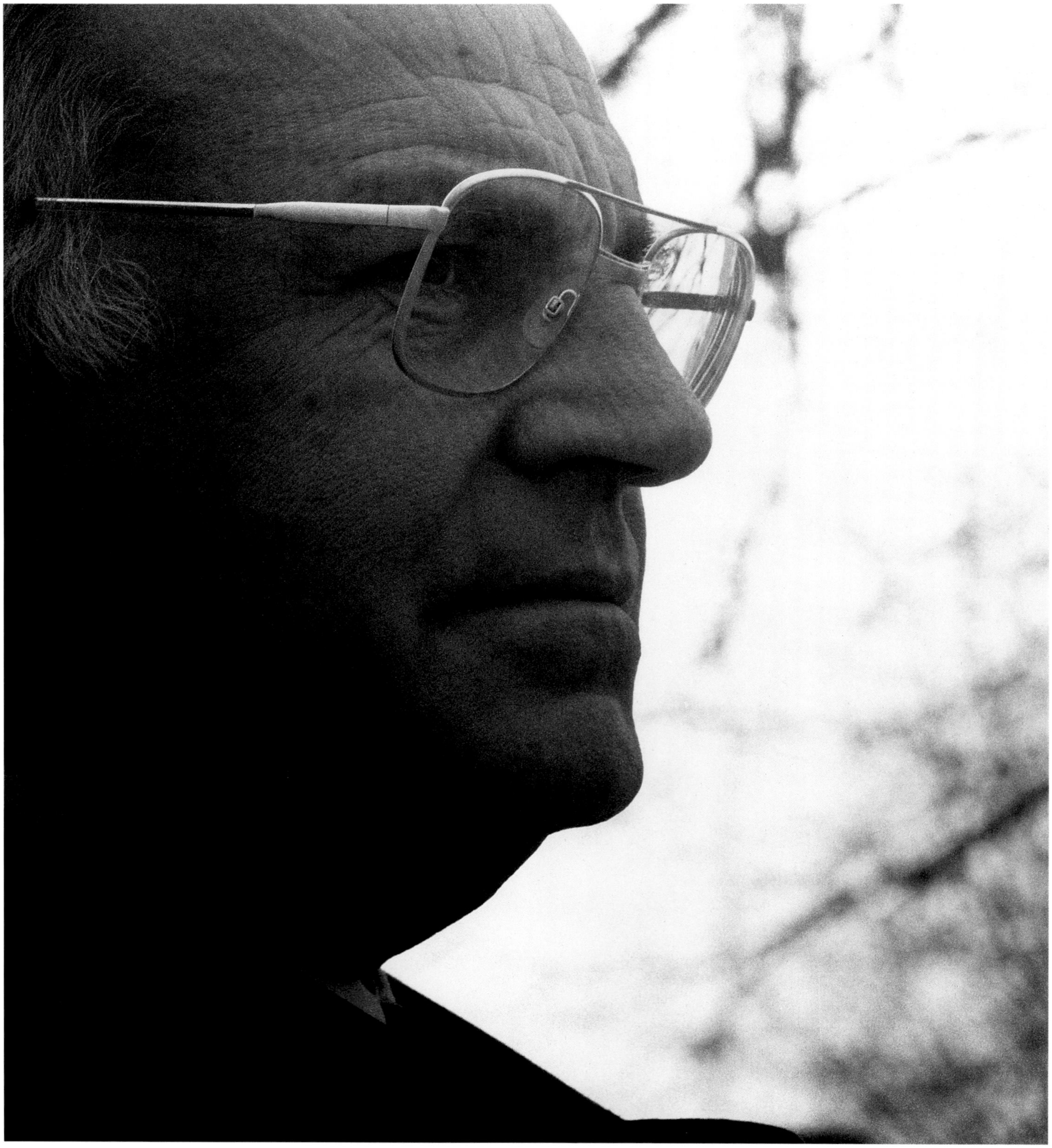

gestalten als woanders. So zum Beispiel beim Zusammenbruch des Schiffbaus, beim Niedergang der Kohle und des Stahls. Die Antwort ist schwer zu geben, da nicht nur die Regierungspolitik im Spiel ist, sondern auch die Fähigkeit eine Rolle spielt, die Gesamtbevölkerung zur Solidarität mit ihrem verarmenden Teil zu bewegen. Daß dies in einer wohlhabenden Gesellschaft schwierig ist, in der Einzelerfolg und Einzelreichtum des einzelnen hoch bewertet werden, das dürfte klar sein! Den sozialdemokratischen Kanzlern war an sich der Begriff der notwendigen Solidarität mit den Neuproletarisierten nichts Störendes, aber auch die SPD-Wähler, selbst die Gewerkschaften, waren in der Praxis weniger zu einer ausgleichenden Umverteilung bereit, als dies dem Vokabular nach hätte der Fall sein sollen. Die Distanz zwischen den diesbezüglichen Hinweisen des Evangeliums und der tatsächlich durchgeführten christlich-demokratischen Politik dem Reichtum und der Armut gegenüber ist indessen ständig noch größer gewesen, trotz Auf- und Ausbau des »Sozialnetzes«, trotz der Beibehaltung dieses Netzes – auch wenn dabei schließlich harte Wahlversprechen beiseite geschoben wurden.

Die Einstellung der Kanzler zur Religion ist von Bedeutung in einem Staat, der noch die Kirchensteuer kennt und in dem kein Politiker sich ohne weiteres als atheistisch bezeichnen könnte. Aber das Wort Religion hat hier mehrere Bedeutungen. Der persönliche Glaube oder Unglaube, das sollte reine Privatsache sein. Die zweite Bedeutung, das ist die Konfessionszugehörigkeit, die jedem Kanzler gewissermaßen von der Öffentlichkeit zugeschrieben wird. Konrad Adenauer wurde zu Recht als rein katholisch betrachtet. Er stammte aus katholischer Familie, trat als Katholik auf und hatte sich katholisch verheiratet. Aber der als protestantisch eingestufte Ludwig Erhard hatte auch einen Katholiken zum Vater gehabt, der eingewilligt hatte, daß der Sohn in der Religion der protestantischen Mutter erzogen wurde. Kurt Georg Kiesinger war zwar katholisch getauft und galt in der politischen Rollenverteilung als Katholik, aber er war in einer evangelischen Umgebung aufgewachsen. Und der katholische Kanzler Helmut Kohl ist eine Mischehe eingegangen, was in den Augen eines Teils des deutschen Katholizismus einer Mißehe gleichkam und mitunter noch gleichkommt.

Die dritte und die vierte Bedeutung von Religion liegen auf dem eigentlichen Gebiet der Politik. Wie ist das Verhältnis des Kanzlers zu den Kirchen? Inwieweit bestimmt sein religiöser Glaube seine Orientierungen und Entscheidungen auf anderen Gebieten? Daß es sich um zwei ganz verschiedene

*All diese Bemühungen um mehr Qualität
des menschlichen Lebens und der Lebensumwelt werden wir aber nur
dann fortsetzen und intensivieren können, wenn es uns gelingt,
wieder mehr in unsere Zukunft zu investieren und etwas weniger in
der Gegenwart zu konsumieren.*
HELMUT KOHL

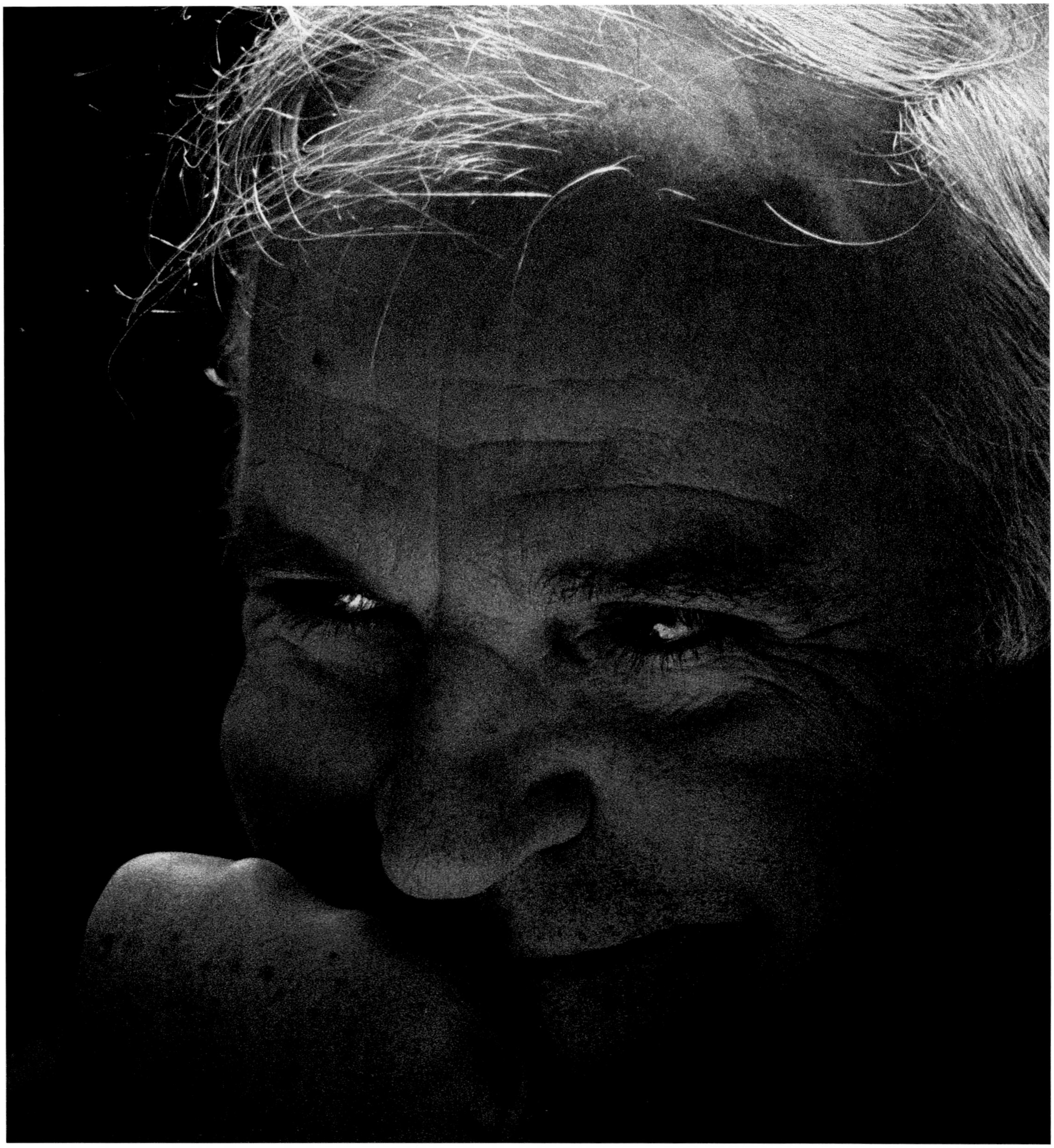

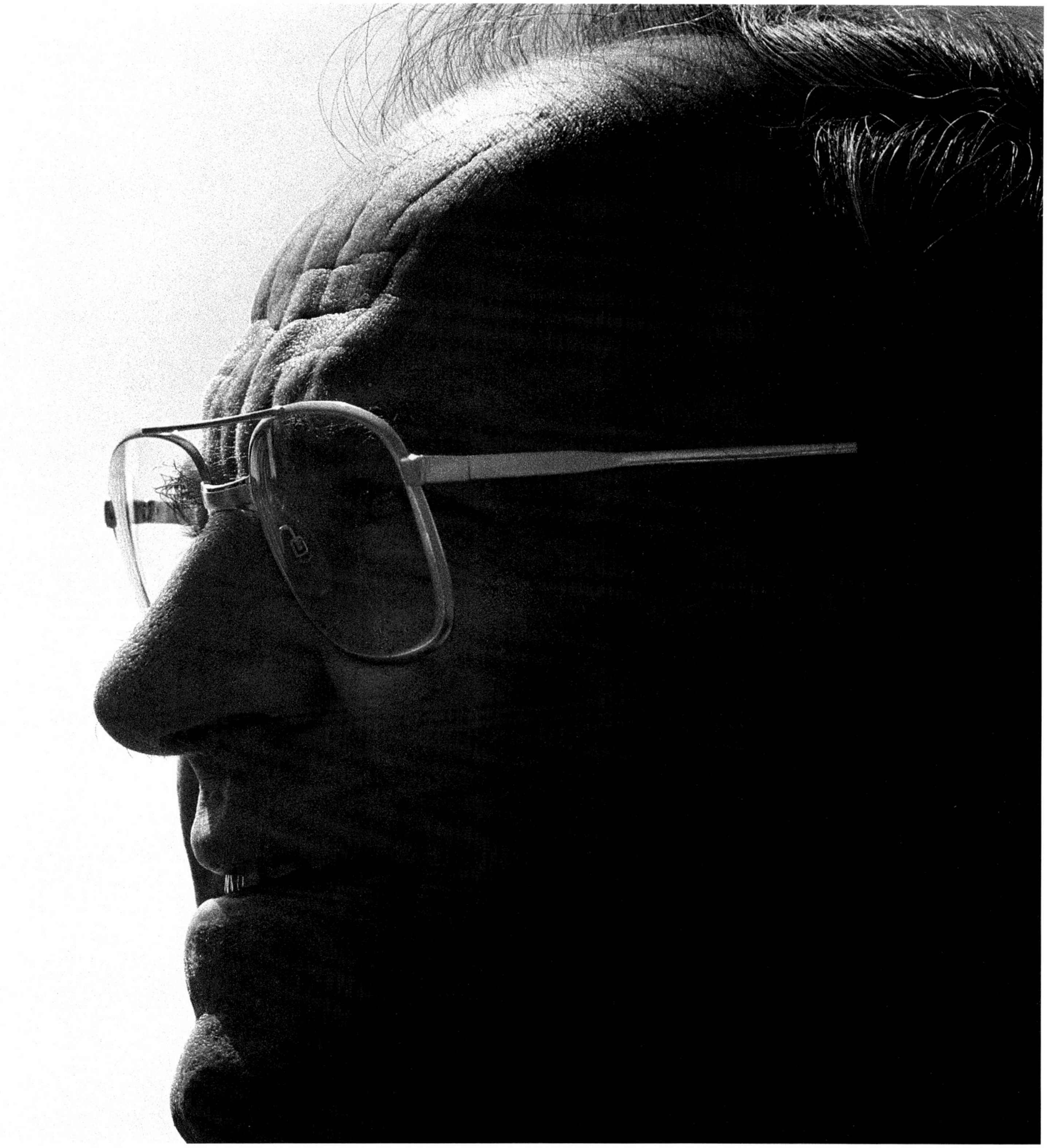

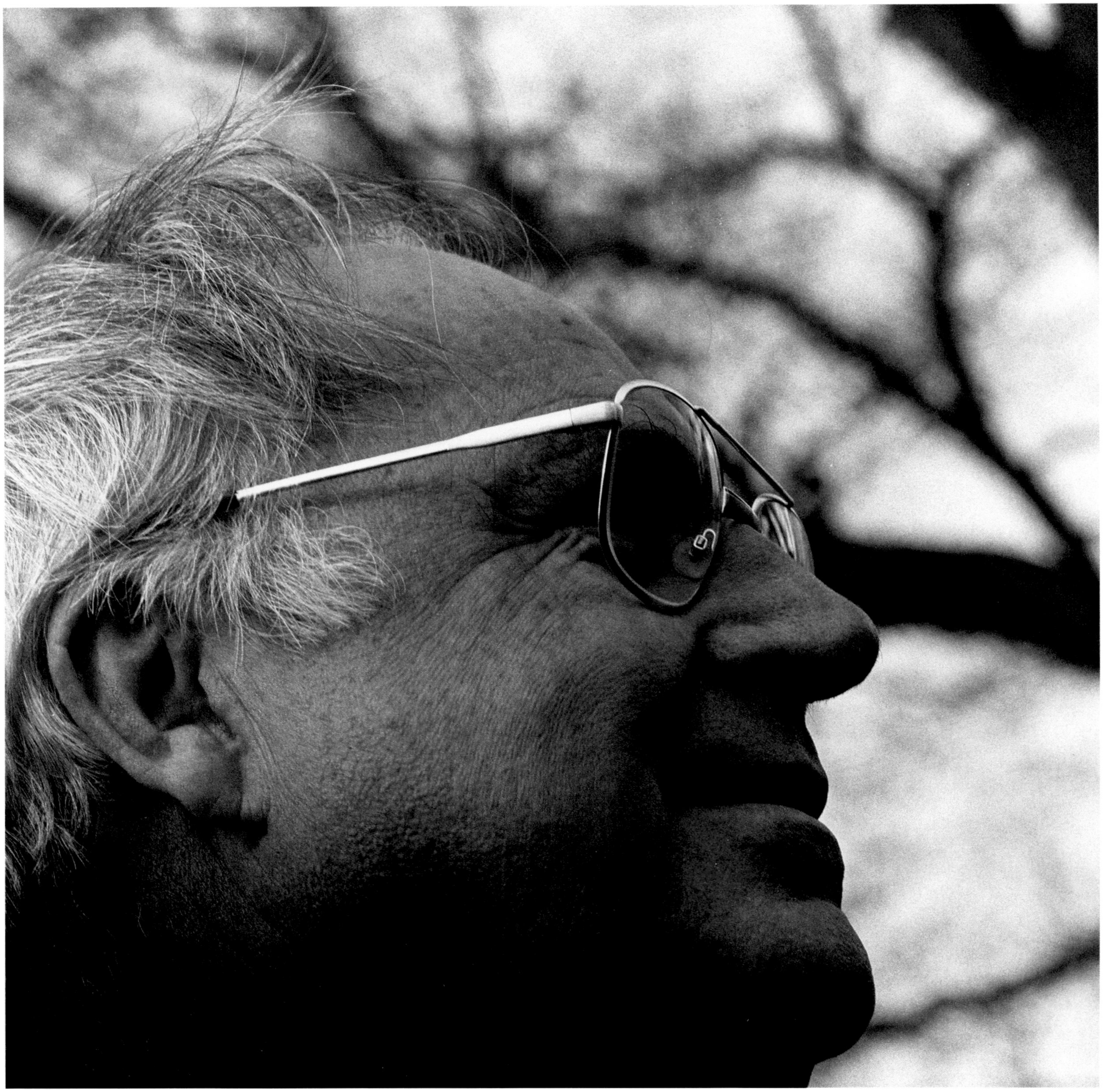

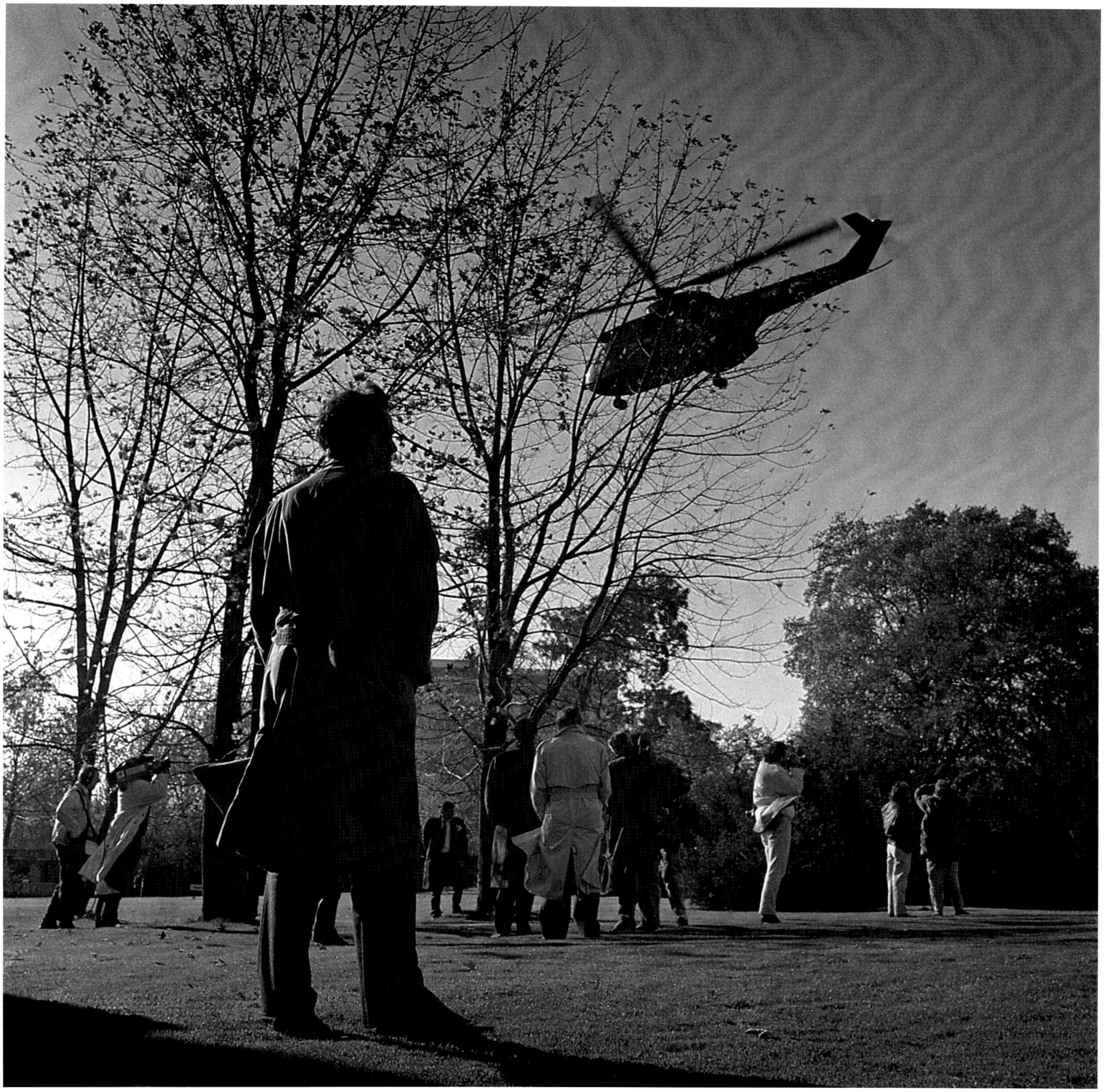

Probleme handelt, sieht man am besten im Falle Konrad Adenauers. Wenn der Antiklerikalismus darin besteht, die Kirchen daran zu hindern, auf die Regierungspolitik Einfluß zu nehmen, so war der erste Bundeskanzler ein ausgesprochen antiklerikaler Katholik. Seine Beziehungen zu den »Kirchenfürsten«, insbesondere zu Kardinal Frings, sind oft voller Spannungen gewesen. Allerdings muß hier hinzugefügt werden, daß er es recht gerne sah, daß die katholische Kirche ständig in die Wahlkämpfe eingriff, um den Katholiken den richtigen Weg zu zeigen – der immer zur CDU/CSU führte. Aber bereits als Kölner Oberbürgermeister hat er im Atheismus die Quelle aller Übel gesehen und die evangelischen Teile Deutschlands als dem Übel mehr ausgesetzt betrachtet als die katholischen.

Unter den fünf anderen Kanzlern hat sich nur einer mehrmals grundsätzlich zum Verhältnis zwischen Staat und Kirchen geäußert. Die bedeutsamen Analysen, die Helmut Schmidt zu diesem Thema, schon bevor er Kanzler wurde, in Reden vor kirchlichen Versammlungen vorgebracht hat, sind dann in seiner Rede zum Reformationstag 1974, die er in der Hamburger Sankt-Jacobi-Kirche hielt, erweitert und systematisiert worden. Darin wurden die Unterschiede zwischen legitimer Beeinflussung durch Stellungnahmen und illegitimen Forderungen aus dem Bekenntnis an die Staatsmänner, die die Verantwortung tragen, klar umrissen. Nicht nur weil sein Publikum protestantisch war, gingen die Mahnungen viel mehr in Richtung der Evangelischen Kirche in Deutschland (EKD) als in Richtung katholische Kirche: In den siebziger und achtziger Jahren war und ist ja der deutsche Protestantismus in den großen Auseinandersetzungen – Atomkraft, Umwelt, alternative Gesellschaft – viel mehr engagiert als der organisierte Katholizismus. Daß dabei der eine der beiden sozialdemokratischen Kanzler, die als Protestanten eingestuft wurden, für die kritischen Themen des herausfordernden Protestantismus recht offen war und der andere nicht – wobei der Ablehnende den christlichen Weisungen näher stand als der weitgehend Umgestimmte –, das zeigt, daß nicht notwendigerweise die Konfessionszugehörigkeit das Verhältnis zu den religiösen Bewegungen bestimmt.

Auf dem Gebiet der politisch-geistigen Entwicklung erhalten die Kirchen Impulse und können auch zuweilen Impulse geben. Das gilt insbesondere für die zentrale Frage nach der Legitimität der freien demokratischen Grundordnung. Hier hat es eigentlich erst seit dem Ende der siebziger Jahre eine Art Wechselwirkung zwischen EKD und dem »Geist der Zeit« gegeben, die schließlich zur Erschütterung

Helmut Schmidts, und in noch stärkerem Maß zu der Helmut Kohls beigetragen hat. Da die evangelische Kirche nach 1945 ein viel weitgehenderes Schuldbekenntnis für ihr Mitläufertum, jedenfalls für das allzuschwache Nein dem Hitler-Regime gegenüber abgelegt hat als die katholische, lebt sie mehr als diese in der Furcht, wieder zu spät nein zu sagen – mit dem Risiko, viel zu früh im Namen der Wahrheit einer freiheitlich getroffenen Mehrheitsentscheidung die Legitimität abzusprechen: so bei der Rüstungs- und Atompolitik. Aber generell haben die Kirchen die legitime Ausübung der Staatsmacht durch die Kanzler nicht beeinträchtigt.

Haben aber die Kanzler nicht selber die freiheitlich demokratische Grundordnung durch illegitime Mittel verteidigt? Die Diskussion über die während der Französischen Revolution zur Rechtfertigung der Guillotine aufgetauchte Formel »Keine Freiheit für die Feinde der Freiheit« hat unter Adenauer begonnen, als dieser im Namen der Bekämpfung der kommunistischen Gefahr eine Art Säuberung im öffentlichen Dienst durchführen ließ. Sie erhielt eine neue, erweiterte Bedeutung, als der von Willy Brandt verantwortete sogenannte »Radikalenerlaß« zur Problematik der »Berufsverbote« führte. Die aus der Erinnerung an Weimar entsprungene Aufforderung »Wehret den Anfängen!« war doppeldeutig: Es galt, im Sinne des Grundgesetzes den Mißbrauch der Grundrechte zu verhindern, aber auch zu vermeiden, daß im Namen der Freiheit die Freiheiten eingeschränkt würden, wie es in der ersten Republik geschehen war. Das Risiko, daß ähnlich wie nach 1933 und wie in der DDR, Kritik als Staatsdiffamierung aufgefaßt und junge Menschen auf Grund einer Vermutung über ihr zukünftiges Betragen ausgesiebt werden, ist von den sozialdemokratischen Kanzlern eingegangen worden – dies in einer Zeit starker radikaler Ablehnung des »Systems«.

War dann der Terrorismus auf diese Ablehnung zurückzuführen? Als eine ihrer möglichen Konsequenzen gewiß, aber nicht als notwendige Konsequenz. Auch war die einfache Gleichsetzung von Kritik und Ablehnung demokratiegefährdend. In seiner Rede bei der Gedenkfeier für den ermordeten Präsidenten der Bundesvereinigung der Deutschen Arbeitgeberverbände und des Bundesverbandes der Deutschen Industrie, Hanns Martin Schleyer, sagte am 25. Oktober 1977 Bundespräsident Walter Scheel: »Die Kritik ist das Lebenselixier der Demokratie. Wir würden einem schicksalhaften Irrtum unterliegen, wenn wir dieses Lebenselixier mit dem tödlichen Gift des Terrorismus verwechselten.« Der Satz war keine Kritik an Kanzler Helmut

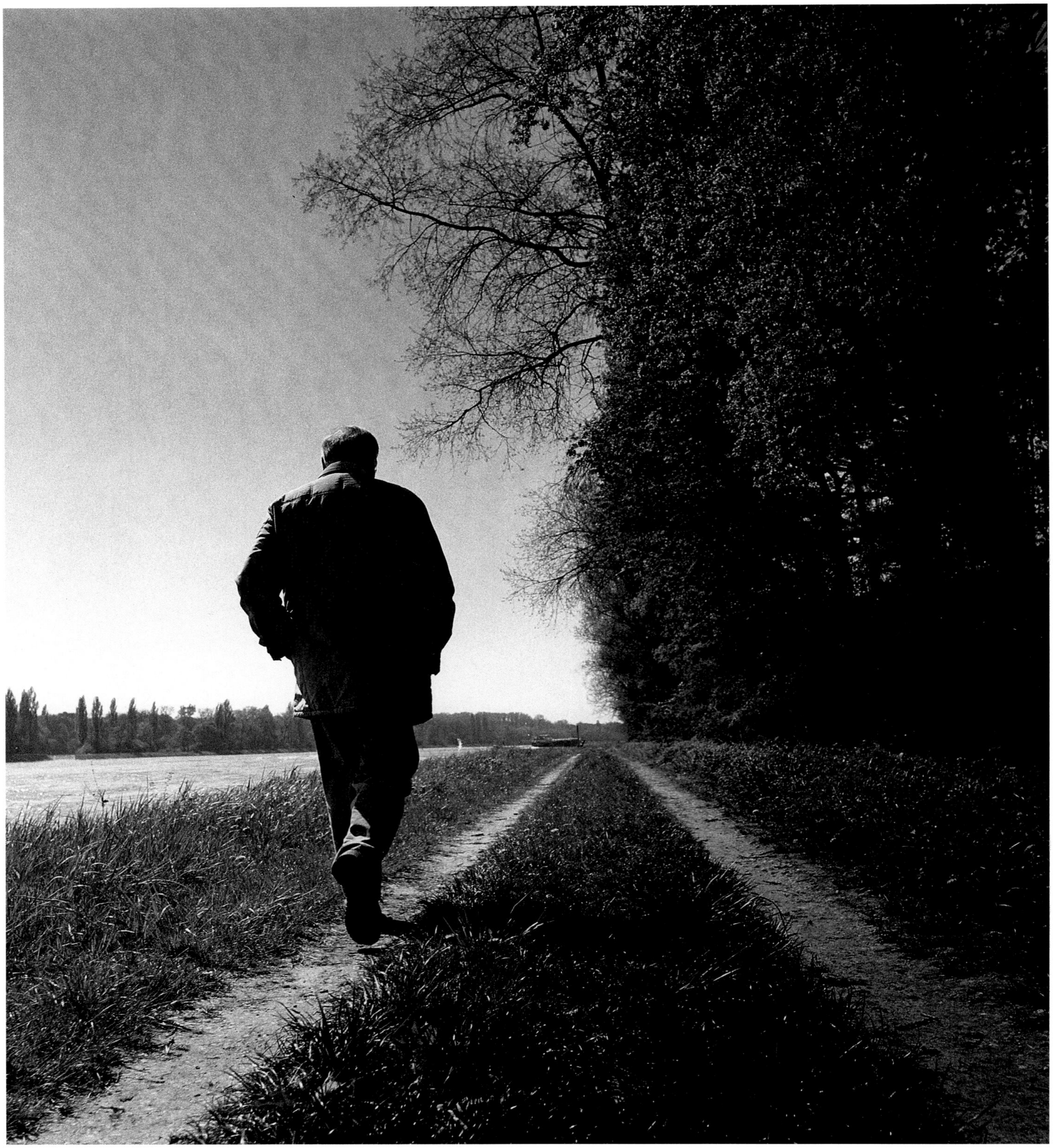

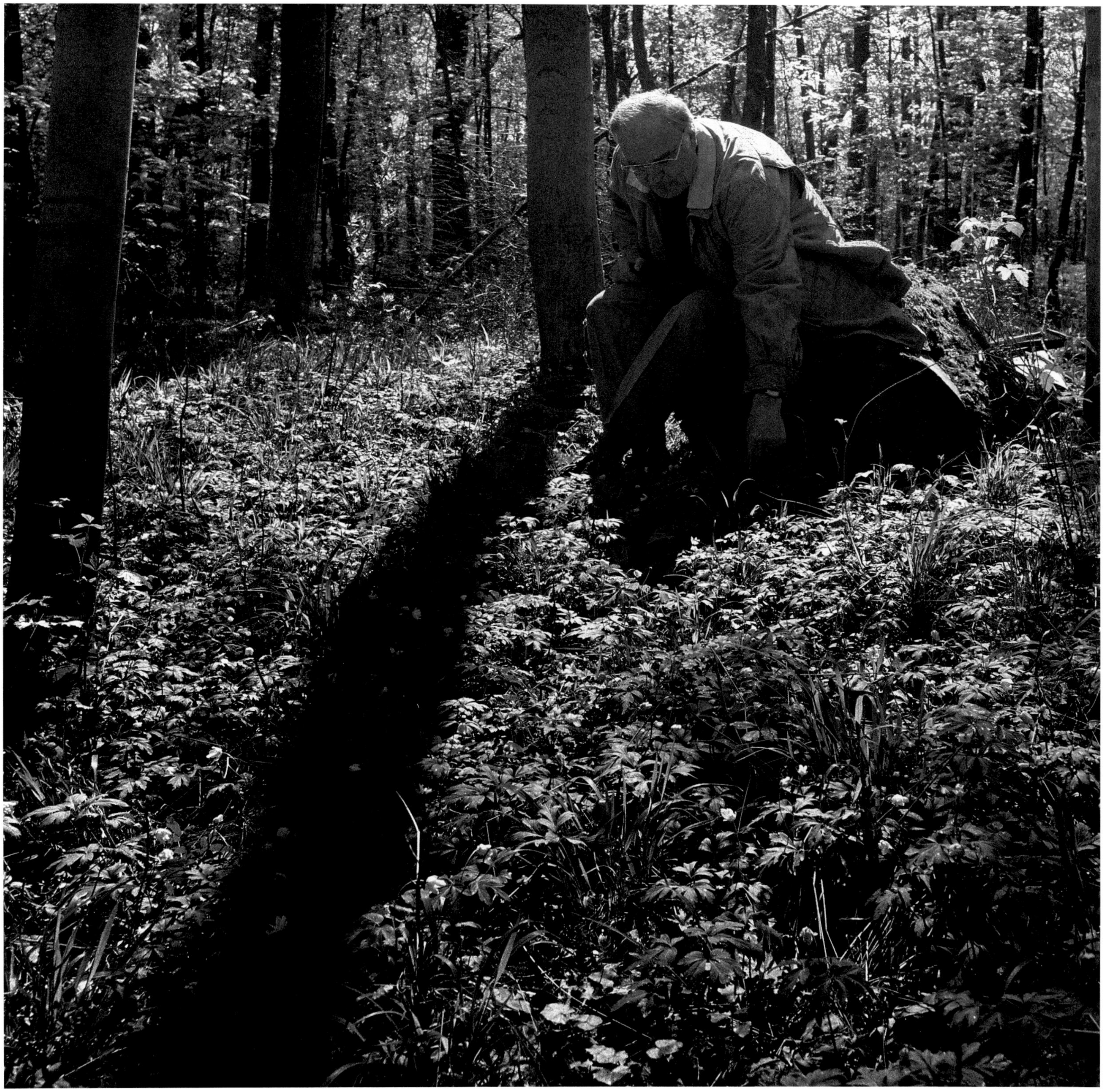

Schmidt, der die Verantwortung übernommen hatte, den Entführern nicht nachzugeben, um weitere Entführungen nicht als lohnenswert erscheinen zu lassen. Eine Verantwortung, die das Bundesverfassungsgericht der legitimen politischen Macht als nur ihr eigen zuerkannt hatte, indem es ein Gesuch der Familie Schleyer abgelehnt hatte, dem Kanzler aufzuerlegen, die Lebensrettung der Geisel als höchste Pflicht zu betrachten. Aber gerade diese schweren Tage haben Helmut Schmidt dazu gebracht, die Akzente anders zu setzen als Walter Scheel.

So sagte er am 9. November 1978 aus Anlaß des 40. Jahrestages der sogenannten »Reichskristallnacht« in der großen Synagoge zu Köln:

»Mit der Verachtung der Würde eines Mitmenschen, mit dem Niederbrüllen von anderer Bürger Meinung hat es begonnen. Mit der pauschalen Verurteilung des ganzen demokratischen Systems setzte es sich fort. Der Mord war schließlich nur noch die vorbereitete Konsequenz. Die Parallelität allen Terrorismus' muß offengelegt werden, wenn wir lernen wollen! (…) Die Verdammungswürdigkeit aller Pauschalverurteilungen muß erlebt werden, wenn wir lernen wollen – seien sie gerichtet gegen ›die Juden‹, ›die Deutschen‹, ›die Kommunisten‹, ›die Kapitalisten‹, gegen ›das System‹ oder gegen ›das Establishment‹.«

In einer Demokratie ist es schwer, festzulegen, wo die Grenzen der Toleranz liegen. Noch schwerer ist es, zu beurteilen, wer durch sein Aussteigen endgültig als ausgeschlossen betrachtet werden soll, auch wenn er wieder einsteigen möchte. Im Herbst 1988 ist eine öffentliche Auseinandersetzung um das Gnadenrecht des Bundespräsidenten entstanden, der prüfen wollte, ob ein Zurück des nach einem recht undurchsichtigen Prozeß verurteilten Mitgliedes der sogenannten Roten Armee Fraktion (RAF) Peter-Jürgen Boock nicht möglich und nützlich wäre. Bundeskanzler Kohl hat an dem in manchen Aspekten beschämenden Aufschrei gegen Richard von Weizsäcker nicht teilgenommen. Vielleicht hätte man einen klaren Tadel der bei der CSU vorherrschenden Sprechart erwarten dürfen. So wie seine nach allen Seiten mutige ehemalige Ministerin für Jugend, Familie, Frauen und Gesundheit, Rita Süssmuth, nicht immer Helmut Kohls rückhaltlose Unterstützung erhalten hat, als sie in Sachen AIDS und in Sachen gesetzmäßige Schwangerschaftsunterbrechung heftigen Angriffen ausgesetzt war, die sich auf nicht immer der Menschenwürde entsprechende Regierungs- und Justizpraktiken in Bayern stützten. Er hat sie nicht fallen lassen, aber er hat auch nicht die notwendigen richtungweisenden Worte klar ausgesprochen.

Steht es jedoch dem Bundeskanzler zu, gewissermaßen eine geistige Führungsrolle zu beanspruchen? Um Literatur und Kunst soll es dabei gewiß nicht gehen. Das französische Beispiel, wo die Präsidenten ganz wie Ludwig XIV. bestimmen, welche Monumente in Paris gebaut, welche Museen wie gestaltet werden sollen, ist kein demokratisches! In einem langen Interview mit Günter Grass und Siegfried Lenz sagte Helmut Schmidt 1980: »Ein Regierungschef hat in Deutschland nicht die Aufgabe des Volkserziehers, des Kunsterziehers schon gar nicht.« Deutschland stand da für Bundesrepublik, denn in der DDR, wie in der Sowjetunion, bestimmt die politische Macht sehr wohl, was gut und schön ist. Aber wirklich gar kein »Volkserzieher«? Der Bundeskanzler fügt dann auch noch hinzu: »Er hat auch nicht die Funktion des Vorphilosophierers für die deutsche Gegenwartsgesellschaft!« Daß der Kunstgeschmack des Privatmanns Helmut Schmidt nicht zu einer Beeinflussung durch den Kanzler Schmidt – unter anderem durch Haushaltsmittel – führen sollte, das entspricht einer freiheitlich-demokratischen Einstellung. Aber braucht die Entwicklung der Demokratie nicht Kanzler, die Grundwerte nicht nur in Politik umsetzen, sondern auch erklärend verkünden – in den Reden an die Gesamtbevölkerung, im Dialog mit denen, die sich als Intellektuelle betrachten? Gerade der Kanzler Schmidt betrachtete sich ja eben auch als Intellektuellen, der sich mit Intellektuellen intellektuell auseinanderzusetzen hatte.

Die verschiedenen Kanzler haben unterschiedliche Verhältnisse zu tatsächlichen oder selbsternannten »Kulturträgern« gehabt. Konrad Adenauer stand außerhalb der geistig-kulturellen Debatten der Zeit, im Gegensatz zu Theodor Heuss und Carlo Schmid – die eben keine Machtpolitiker waren. Gerade dieses Abseits- oder Darüberstehen wurde Adenauer von denen vorgeworfen, die ihn für den restaurativen Charakter der Epoche mitverantwortlich machten. Ludwig Erhard ist in die Kulturgeschichte der Bundesrepublik als der böse Mann eingegangen, der 1965 einigen Intellektuellen gegenüber das Schimpfwort »Pinscher« verwendet hat. Sein Zornausbruch kam aber als Antwort auf herabsetzende Kritik, was auf eine recht merkwürdige Spielregel der Diskussion in der Bundesrepublik hinweist: Haben doch die Intellektuellen einen Anspruch auf Verletzbarkeit und Selbstmitleid, die Politiker hingegen nicht!

Kurt Georg Kiesinger mag als der kultivierteste und der am meisten auf Kultur bedachte Kanzler gelten, mit einiger Affektation, was zu langschweifigen Gesprächen mit Carlo Schmid in den Kabinetts-

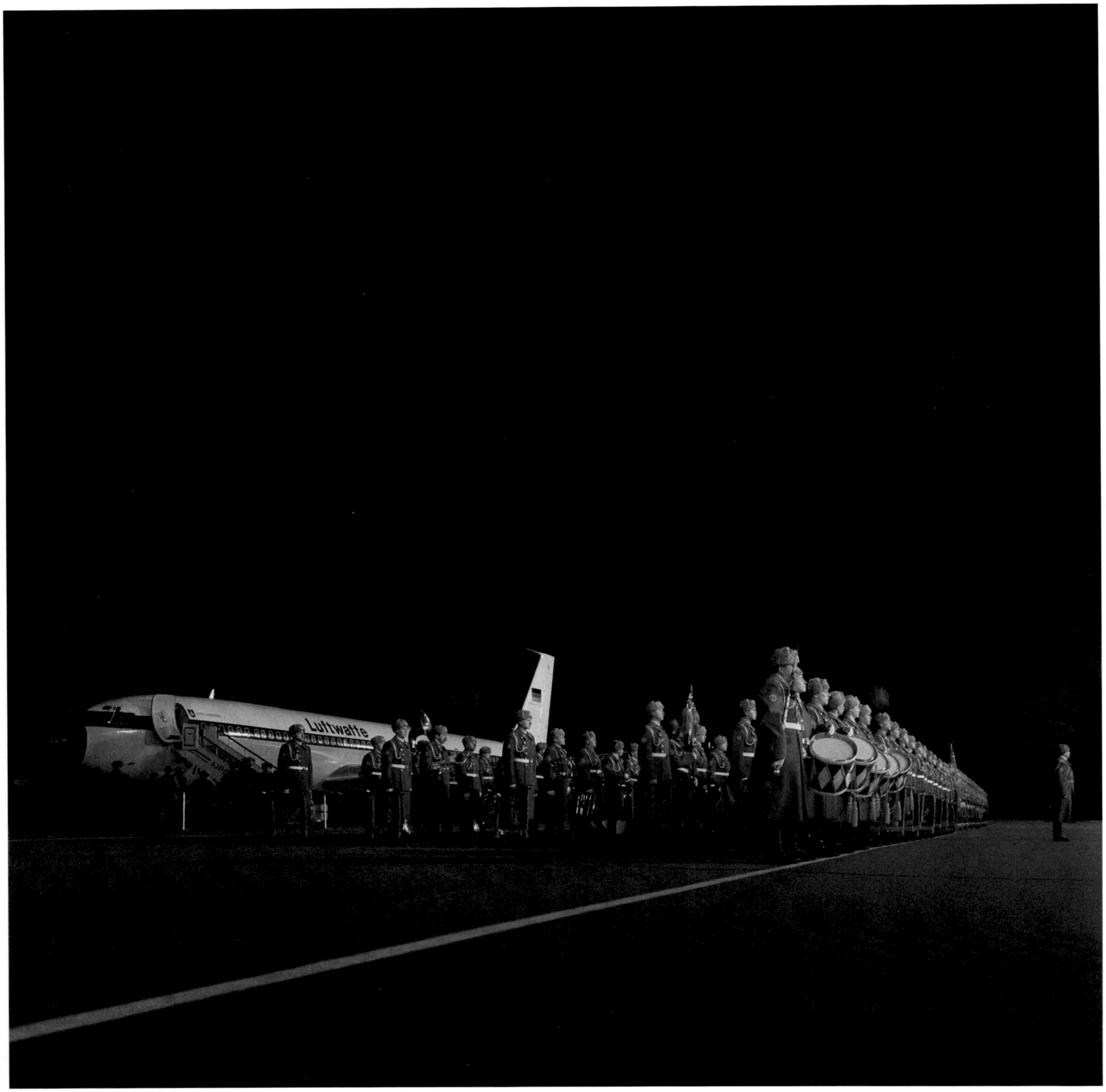
Luftwaffe

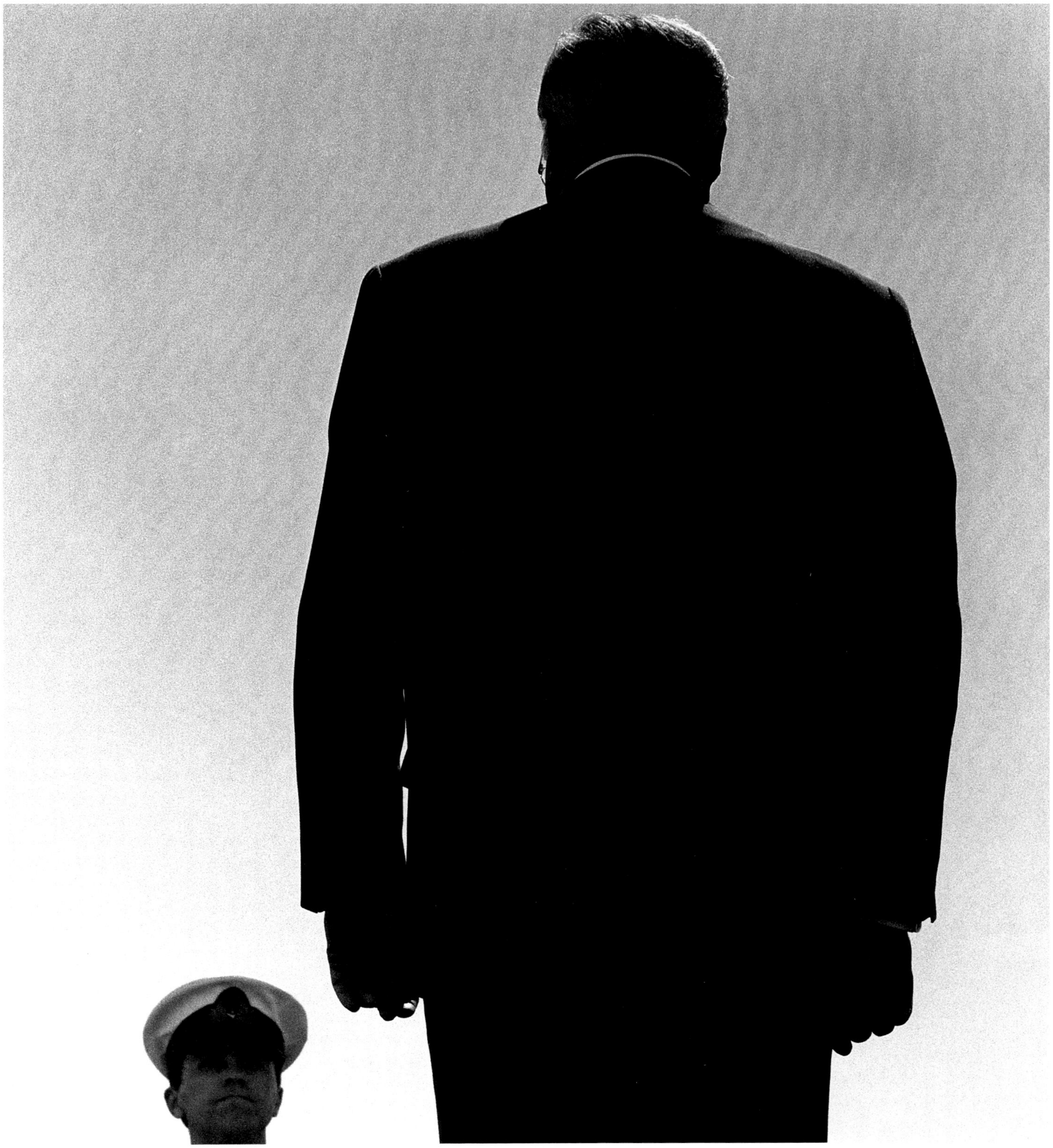

sitzungen der Großen Koalition führte. Mit echtem Engagement, was ihn als Landesfürst dazu geführt hatte, das Hochschulwesen Baden-Württembergs schöpferisch umzugestalten. Er hat jedoch die aus der Distanz die Politik kritisierenden Intellektuellen nicht zum nüchternen Engagement gebracht, im Gegensatz zu Willy Brandt: Die Beteiligung von Günter Grass und Siegfried Lenz am Wahlkampf 1972 zeigte eine seltene Annäherung zwischen Geist und Macht, weil der Kanzler die Macht mit geistiger Orientierung ausüben wollte und weil einige Schriftsteller bereit waren, die Politik als Alltag zu akzeptieren, ohne es bei der Klage um ein »Theoriedefizit« zu belassen. Das Sichauseinanderleben ist dann aber ziemlich schnell erfolgt.

An sich ist es erstaunlich, daß es in der Bundesrepublik nicht mehr Verquickung zwischen Intellektualität und Machtausübung gibt, da diese Republik doch viel mehr auf Grundwerte, auf eine Ethik aufgebaut ist als andere Länder, wie etwa Frankreich mit seinem Selbstverständnis und seiner Selbstverherrlichung als Nation. Die Grundwertediskussion ist in der Bundesrepublik am Ende der sechziger Jahre sogar zur Mode geworden. Dabei wurde oft übersehen, daß es eine schöne Einstimmigkeit gab. Die Religion trennte ja nicht mehr, dank einer doppelten Entwicklung. Bereits 1954, aber noch mehr im Godesberger Programm von 1959 hat die SPD verkündet, daß der demokratische Sozialismus »in christlicher Ethik, im Humanismus und in der klassischen Philosophie verwurzelt ist«. Die katholische Kirche hat sich dann zur Zeit des II. Vatikanischen Konzils dem Geiste des 18. Jahrhunderts so sehr nähern können, daß Papst Johannes Paul II. 1980 dem französischen Publikum sagte: »Man kennt den Stellenwert, den die Ideen der Freiheit, der Gleichheit und der Brüderlichkeit in Ihrer Kultur und Ihrer Geschichte haben. Im Grunde sind es christliche Ideen.«

Es geht in Wirklichkeit gar nicht mehr so sehr um Grundwerte als vielmehr um die Rolle der Vernunft und der Utopie bei der konkreten und zielbewußten Umsetzung der Werte in politisches Handeln. Die Unterscheidung zwischen Gesinnungsethik und Verantwortungsethik ist hier irreführend. Man kann nur wünschen, daß jeder Kanzler seine Verantwortung auf Grund einer ethischen Gesinnung ausübt und daß diejenigen, die sich zunächst auf eine Gesinnung berufen, keine Forderungen aufstellen, die sie selbst nicht erfüllen könnten, wenn sie in der Verantwortung stehen würden. Aber ein solcher Wunsch impliziert, daß man den letzten Satz der letzten Bundestagsrede von Altbundeskanzler Helmut Schmidt vom 10. September 1986 sozusagen als letzte Weisheit der Politik ansieht: »So möchte ich uns aufrufen zur Besinnung auf das Ethos eines politischen Pragmatismus in moralischer Absicht, unter moralischer Zielsetzung.«

Eine auf Ethik bezogene Vernunft – welcher Kanzler wäre nicht mit dieser Anforderung an seine Machtausübung einverstanden gewesen? Ob oder inwieweit jeder der sechs ihr Genüge getan hat, ist nicht leicht zu beurteilen. Vieles hängt vom Vergleich ab: nicht so sehr vom Vergleich zwischen den Bundeskanzlern, als vom vergleichenden Bezug auf das Wie-es-sein-sollte oder auf das Wie-ist-es-woanders. Im ersteren Fall gäbe es eine lange Liste der Mängel und Unzulänglichkeiten für jeden der Kanzler und auch der gesamten Bonner Demokratie aufzuführen. Nimmt man aber auf andere Staaten und deren Regierungschefs Bezug, so werden die Einzelbilder sowie das Gesamtbild sehr positiv. Theodor Heuss hat Demokratie als befristete Herrschaft definiert. Der andere deutsche Staat hat seit vier Jahrzehnten bisher nur zwei »Herrscher« gehabt, weil im System der DDR die Macht eben nicht durch freie Wahlen oder durch das Wirken demokratisch legitimierter Parteien befristet ist.

Natürlich soll die befristete Macht auch ausgeübt werden: Nicht alle Kanzler haben die Möglichkeiten ihrer Funktion erschöpft. Und diese Ausübung soll nicht nur der Machterhaltung gewidmet sein. Nie ist das Kabinett von einem Heiligen geleitet worden, und es gäbe noch mehr zu beklagen als das, was auf diesen wenigen Seiten zum Ausdruck kommen oder durchscheinen konnte. Aber auch an den anderen Stellen in der Gesellschaft, wo Macht ausgeübt wird – und sei es sogar nur innerhalb von Gruppen, die im Prinzip jede Macht verwerfen –, gibt es keine Heiligen und nur recht wenig völlig Reine. Die vierzigjährige Bundesrepublik Deutschland darf getrost mit Genugtuung auf ihre Geschichte blicken, auf die ihre sechs Kanzler einen unterschiedlichen, aber nie unwürdigen Einfluß genommen haben.

ZU DEN FOTOGRAFIEN

Als ich vor vierundzwanzig Jahren begann, Politiker zu fotografieren, hatte der erste Kanzler der Bundesrepublik das Palais Schaumburg schon zwei Jahre verlassen. Ich war spät dran, widmete mich aber dann Konrad Adenauer in den Jahren 1965 bis 1967 um so intensiver – und verpaßte so die Kanzlerschaft Ludwig Erhards. Erst im Herbst 1969, wenige Wochen bevor Kurt Georg Kiesinger von Willy Brandt abgelöst wurde, konnte ich einen Kanzler während seiner Amtszeit fotografieren.

Die Arbeit an den Erhard-Portraits begann zur Zeit der Großen Koalition und sollte sich bis in den Januar 1977 fortsetzen. So ist das Bild auf der Seite 44 bei einer Portraitsitzung wenige Monate vor Erhards Tod in dessen Privathaus in Bonn entstanden. Kurt Georg Kiesinger begegnete ich mehrfach in den Jahren 1969 bis 1975. Dabei gelang mir 1973 die Studie der Seite 56, aufgenommen im Deutschen Reichstag in Berlin.

Willy Brandt begleite ich seit 1969 bis auf den heutigen Tag, und das Portrait auf der Seite 67 ist das Ergebnis einer Sitzung vom Dezember 1988 in seinem Bonner Büro – kurz vor dem 75. Geburtstag. Im Jahre 1976 machte ich die erste Wahlkampfreise mit Helmut Schmidt. Die letzten Bilder entstanden für dieses Buch im Sommer 1988 auf seinem Grundstück am Brahmsee in Schleswig-Holstein. Helmut Kohl schließlich beobachte ich mit der Kamera seit dem Frühjahr 1988.

Ich habe auf diese wenigen Beispiele hingewiesen, die eine Konzentration des Portraitierten auf die Kamera verlangten; denn solche arrangierte, eher statistische Bilder sind die Ausnahme in diesem Buch. Mir kam es sonst darauf an, abseits der Isolation eines Studios diese Männer zu beobachten, ihre Gesichter aus unmittelbarer Nähe, aber auch aus größerer Distanz zu zeichnen.

Bei einigen Bildfolgen dieses Bandes erschien es mir wichtig, um der Abwechslung willen vom reinen Bildnis abzuweichen und den Portraitierten in »Räume« einzubinden, die dennoch zugleich etwas über ihn aussagen.

So zeigt die Abbildung auf der Seite 22 den Pavillon neben dem Rhöndorfer Haus Konrad Adenauers. In diesem Pavillon, der von ihm selbst entworfen wurde, hat Adenauer einen beträchtlichen Teil seiner Erinnerungen geschrieben. Auf der Fotografie der Seite 24 geht der Blick vom Ölberg, wenige Kilometer von Rhöndorf entfernt, weit in das Rheintal, und der Rosengang auf der Seite 32 gehört zu der großzügigen Gartenanlage der Villa Collina in Cadenabbia am Comer See, wohin Konrad Adenauer seit 1959 mehrmals im Jahr in den Urlaub reiste.

Die Seiten 70 und 71 zeigen Willy Brandt und junge Zuhörer während einer Wahlkampfveranstaltung im Ruhrgebiet 1976. Im gleichen Jahr war ich einer von Hunderten, die Brandt auf einer Wanderung durch den Teutoburger Wald begleiteten – die Seiten 84 und 85. Da die sozialdemokratischen Bundeskanzler als Transportmittel auf ihren Wahlreisen die Bahn bevorzugten, zeigt das Bild auf der Seite 95 Helmut Schmidt während des Bundestagswahlkampfes 1980 in einem Salonwagen, der in den dreißiger Jahren von der Reichsbahn gebaut wurde.

Ein weiterer »Raum«, der Garten des Palais Schaumburg: An Bord eines Hubschraubers verläßt der französische Staatspräsident François Mitterrand während eines deutsch-französischen Konsultationstreffens im Herbst 1988 den Park – Seite 119. Im Frühjahr 1988 besuchte ich den Bundeskanzler in der Pfalz. Dabei entstanden während eines Spaziergangs Bilder aus der engeren Heimat Helmut Kohls – die Seiten 122 und 123. Kurz vor dem Rückflug des Bundeskanzlers nach Bonn entstand im Oktober 1988 in Moskau das Bild auf der Seite 126. Ebenfalls im Oktober 1988 begleitete ich Helmut Kohl auf seiner Reise nach Australien; Seite 127: die Begrüßung vor dem Parlamentsgebäude in Canberra durch einen Offizier der Ehrengarde.

Weder im Auftrag noch mit finanzieller Unterstützung irgendeiner öffentlichen oder privaten Institution entstand in einem knappen Vierteljahrhundert eine Sammlung sehr subjektiv gesehener Portraits, die kein Art Director zurechtgestutzt und keine medienbewußte Agentur für die heutige Zeit aufbereitet haben. Von den siebenundfünfzig Motiven, die der Band enthält, werden vierzig hier zum ersten Mal publiziert.

Daß ich für meine Bücher einen Verlag gefunden habe, der sowohl an die drucktechnische Qualität als auch an die buchästhetische Form höchste Ansprüche stellt, ist für mich von großer Bedeutung.

Das Buch widme ich dem langjährigen kritischen Begleiter Trutz Beckert.

Konrad R. Müller

DATEN UND QUELLEN

KONRAD ADENAUER
*5.1.1876 in Köln   † 19.4.1967 in Rhöndorf/Rhein

1894	Abitur am Staatlichen Gymnasium an der Apostelnkirche, Köln, anschließend Volkswirtschafts- und Jurastudium in Freiburg/Br., München und Bonn.	1949	Westintegrationspolitik mit dem Ziel, Diskriminierungen des Besatzungsstatuts abzuschütteln, der BRD internationale Gleichberechtigung zu verschaffen und Moskaus Einfluß zu schwächen. Petersberger Abkommen.
1897	erstes, 1901 zweites juristisches Staatsexamen.	1950	Beitritt zum Europarat.
1902–1904	Gerichtsassessor bei der Staatsanwaltschaft, Hilfsrichter beim Landgericht Köln; zwischen 1904 und 1906 Arbeit in einer Rechtsanwaltskanzlei.	1951–1955	auch Außenminister.
		1952	Gründung der Montanunion.
1906	Eintritt in die Zentrums-Partei; Kommunalpolitiker, Beigeordneter in Köln.	1952	EVG- und Deutschlandverträge, Londoner Schuldenabkommen und Israel-Vertrag (moralische Rehabilitierung und neue Kreditwürdigkeit der Deutschen).
1909	Erster Beigeordneter.		
1914	Leiter des Ernährungsdezernats der Stadt Köln.	1953	absolute Mehrheit für CDU/CSU bei Bundestagswahlen.
Ab 1917	Kölner Oberbürgermeister für 16 Jahre.		
1921	Vorsitzender des neugeschaffenen Preußischen Staatsrats.	August 1954	Scheitern der Europäischen Verteidigungsgemeinschaft (EVG).
1933	von den Nationalsozialisten aus allen Ämtern entfernt; Verbannung aus Köln; ein Jahr Unterkunft in der Benediktinerabtei Maria Laach, dann Aufenthalt in Berlin-Neubabelsberg.	5.5.1955	Pariser Verträge: Souveränität für die Bundesrepublik; NATO-Anschluß, Aufbau der Bundeswehr.
		8.–14.9.1955	Moskauer Verhandlungen: Freilassung der deutschen Kriegsgefangenen Voraussetzung für die Aufnahme diplomatischer Beziehungen. Wirtschaftlicher Aufschwung, sozialpolitische Maßnahmen (Lastenausgleich, Rentenreform).
1935	Umzug nach Rhöndorf. Verhaftungswelle nach dem 20.7.1944: drei Monate Haft.		
Mai 1945	Oberbürgermeister von Köln (von den amerikanischen Militärs ernannt).		
Oktober 1945	wegen »politischer Unfähigkeit« von der britischen Militärregierung entlassen.	1957	erneut absolute Mehrheit für CDU/CSU bei den Bundestagswahlen.
		1959	Kandidatur um die Bundespräsidentschaft.
1946	CDU-Vorsitzender der britischen Zone; Fraktionsvorsitzender im nordrhein-westfälischen Landtag und Mitglied des Zonenbeirats, parteiinterner Einfluß auf die Gestaltung des Ahlener Programms.	1961	Bau der Berliner Mauer; Bundestagswahlen: keine absolute Mehrheit für CDU/CSU, Koalition mit der FDP.
		22.1.1963	Unterzeichnung des deutsch-französischen Vertrags.
1948	Präsident des Parlamentarischen Rats in Bonn; wichtiger Ansprechpartner der alliierten Militärgouverneure.	15.10.1963	Rücktritt vom Amt des Bundeskanzlers.
		16.10.1963	Ludwig Erhard wird gegen den Willen Adenauers sein Nachfolger als Bundeskanzler. Auch nach seinem Rücktritt nimmt er immer wieder Einfluß auf die Tagespolitik.
August 1949	erste Bundestagswahlen; Adenauer bildet ohne die SPD eine Regierungskoalition.		
15.9.1949	Wahl zum ersten Bundeskanzler der Bundesrepublik Deutschland.	1966	auf Drängen der Partei Rücktritt vom Parteivorsitz.

LUDWIG ERHARD
*4.2.1897 in Fürth   † 5.5.1977 in Bonn

1913	Kaufmännische Lehre. Nach schwerer Verwundung im Ersten Weltkrieg Studium der Betriebswirtschaft, Nationalökonomie und Soziologie an der Handelshochschule in Nürnberg.	1950	Professor in Bonn.
1928–1942	Konsumforscher am »Institut für Wirtschaftsbeobachtung der deutschen Fertigware«.	1957–1963	Vizekanzler; erlangte durch das »Wirtschaftswunder« starke Position neben Adenauer; wurde von Erich Mendes FDP Adenauer vorgezogen; Machtkampf zwischen Adenauer und Erhard.
1943	Gründung eines eigenen Instituts für Industrieforschung.	16.10.1963	zum Kanzler gewählt.
Sept. 1945	Bayerischer Staatsminister für Wirtschaft.	1965	Wiederwahl zum Kanzler.
1947	Professor für Wirtschaftswissenschaften in München.	1966	Parteivorsitzender der CDU. Spannungen mit Washington vor allem über die Frage des Devisenausgleichs; keine neuen Perspektiven in der Ostpolitik; Krisenerscheinungen im Kohle-Stahl-Bereich; große Verluste bei der nordrhein-westfälischen Landtagswahl 1966.
Ab 1948	von den Amerikanern in die Zweizonenverwaltung nach Frankfurt geholt, bereitet er dort in der »Sonderstelle für Geld und Kredit« die Währungsreform vor.	27.10.1966	FDP kündigt Koalition auf (keine Einigung über den Haushaltsentwurf).
Ab 1949	für die CDU Mitglied des Bundestags und Bundeswirtschaftsminister.	26.11.1966	Ende von Erhards Kanzlerschaft.
		Ab 1967	Ehrenvorsitzender der CDU.

KURT GEORG KIESINGER
*6.4.1904 in Ebingen   † 9.3.1988 in Tübingen

	Besuch der Realschule in Ebingen. Lehrerseminar in Rottweil.
1925–1931	Studium der Geschichte, Philosophie und Rechtswissenschaften in Tübingen und Berlin.
1933	Eintritt in die NSDAP.
1935	Rechtsanwalt beim Kammergericht Berlin.
1937–1945	Repetitor.
1940	in der Rundfunkpolitischen Abteilung des Auswärtigen Amtes dienstverpflichtet.
1942	Leiter des Referats »Allgemeine Propaganda«.
1948	Rechtsanwalt in Tübingen, Eintritt in die CDU, ehrenamtlicher Geschäftsführer in Südwürttemberg-Hohenzollern.
1949–1958	Mitglied des Bundestages für die CDU.
1950–1958	Vorsitzender des Vermittlungsausschusses.
1950–1958	Mitglied der Parlamentarischen Versammlung des Europarates (1955–1958 auch Vizepräsident).
1950–1960	Mitglied des Geschäftsführenden Vorstandes der CDU-Bundespartei.
1954–1958	Vorsitzender des Auswärtigen Ausschusses.
1956	Vorsitzender der Christlich-Demokratischen Fraktion in der Parlamentarischen Versammlung.
1958–1966	Ministerpräsident von Baden-Württemberg.
1960–1966	Mitglied des Landtags von Baden-Württemberg.
1963–1966	Bevollmächtigter der Bundesrepublik Deutschland für Kulturelle Angelegenheiten im Rahmen des Vertrages über die deutsch-französische Zusammenarbeit.
1966	Bundeskanzler in der Großen Koalition; Umbruchphase außen- wie innenpolitisch: Apo-Bewegung, Verständigung mit dem Osten.
1967–1971	CDU-Vorsitzender.
1969–1980	Mitglied des Bundestages.
1969	Regierungswechsel, Ende von Kiesingers Kanzlerschaft.
1971	Ehrenvorsitzender der CDU.
Bis 1976	Mitglied des Bundestages.
Seit 1984	Vorsitzender im Kuratorium der Stiftung Bundeskanzler-Adenauer-Haus Rhöndorf.

WILLY BRANDT
*18.12.1913 in Lübeck

	Gymnasium und Abitur in Lübeck.	1964	Vorsitzender der SPD.
Ab 1927	Mitglied bei den Roten Falken und der Sozialistischen Arbeiterjugend; SPD-Mitglied.	1966–1969	Außenminister und Stellvertreter von Bundeskanzler Kiesinger in der Großen Koalition.
1931	Wechsel zur Sozialistischen Arbeiterpartei Deutschlands (SAP) aus Protest gegen die Kompromißpolitik der SPD.	1969–1974	Bundeskanzler; neue Wege in der Ostpolitik: Koexistenz und Entspannung; Normalisierung des Verhältnisses zur DDR.
1933	SAP im Untergrund; Herbert Frahm, so der ursprüngliche Name, nennt sich zur Tarnung Willy Brandt.	12.8.1970	Moskauer Vertrag.
		7.12.1970	Warschauer Vertrag.
		3.9.1971	Berlin-Abkommen.
April 1933	Emigration nach Norwegen; journalistische und politische Arbeit in mehreren Ländern (z.B. Spanischer Bürgerkrieg).	1971	Friedensnobelpreis.
		1972	konstruktives Mißtrauensvotum, Gegenkandidat Rainer Barzel: Pattsituation im Parlament. Grundlagenvertrag mit der DDR. Neuwahlen, SPD stärkste Fraktion im Bundestag. Außenpolitische Erfolge: Breschnew-Besuch, UNO-Beitritt. Innenpolitische Schwierigkeiten: Ölkrise, Preisauftrieb; Kritik an seinem Führungsstil seitens Herbert Wehner und Helmut Schmidt.
1936	als Leiter der Widerstandsgruppe »Metro« in Berlin (Informationsarbeit über Deutschland).		
1938	Entzug der deutschen Staatsbürgerschaft.		
1940	deutsche Wehrmacht überfällt Norwegen; Brandt vier Wochen in norwegischer Uniform unerkannt in Haft; Flucht nach Schweden.		
Bis 1945	Leiter eines Pressebüros in Stockholm; Bekanntschaft mit Bruno Kreisky. Nach Kriegsende norwegischer Staatsbürger; Korrespondentenberichte über die Nürnberger Prozesse.	6.5.1974	Rücktrittserklärung; Anlaß ist die Enttarnung seines persönlichen Referenten, Günter Guillaume, als DDR-Spion.
		1974	Mitglied des PEN-Zentrums BRD. In dieser Zeit Spannungen zwischen dem Parteivorsitzenden Brandt, dem SPD-Fraktionsvorsitzenden Herbert Wehner und Kanzler Helmut Schmidt.
1946	norwegischer Presseattaché in Berlin.		
1947	wieder deutscher Staatsbürger.		
1948	Sonderbeauftragter der SPD in Berlin.		
1949–1957	Berliner Bundestagsabgeordneter.	Seit 1976	Präsident der Sozialistischen Internationalen.
1950	Mitglied des SPD-Vorstandes.	1977	Vorsitzender von deren Nord-Süd-Kommission.
1950–1951	Chefredakteur beim Berliner »Stadtblatt« (Parteizeitung).	1979	widerwillige Zustimmung zum NATO-Doppelbeschluß zur Raketenstationierung (auf dem Parteitag 1983 widerrufen).
1955–1957	Präsident des Berliner Abgeordnetenhauses.		
1957–1966	Regierender Bürgermeister von Berlin.	1987	Rücktritt vom Parteivorsitz der SPD, Anlaß: sein Vorschlag, Margarita Mathiopoulos, die kein Parteimitglied ist, als Parteisprecherin zu benennen, stößt innerparteilich auf harten Widerstand. Danach Ehrenvorsitzender der SPD.
1961	(und 1965) Brandt als Kanzlerkandidat der SPD im Wahlkampf; Bau der Berliner Mauer.		
1957–1966	Mitglied des Bundesrates (1957/58 dessen Präsident).		
1958–1963	Präsident des Deutschen Städtetags.		

HELMUT SCHMIDT
*23.12.1918 in Hamburg

	Besuch der Lichtwarkschule Hamburg.	1971	Herabsetzung der Wehrpflicht von 18 auf 15 Monate.
1937	Abitur; sechs Monate Reichsarbeitsdienst.	Juli–Dez. 1972	Bundesminister für Wirtschaft und Finanzen.
1937–1939	Wehrpflicht.	1972–1974	Bundesfinanzminister. Scharfe Kritik an Nixons Vietnam-Politik. Fordert in der Wirtschaftspolitik den Vorrang der Vollbeschäftigung.
1939	bei Kriegsbeginn sofort eingezogen; Oberleutnant und Batteriechef.		
1945	aus britischer Gefangenschaft entlassen.	16.5.1974	Bundeskanzler (nach Brandts Rücktritt); konnte BRD weitgehend aus der weltweiten Rezession heraushalten; relativ niedrige Inflationsrate, dafür ansteigende Arbeitslosigkeit; Ratifizierung der Normalisierungsverträge mit der CSSR (1974) und Polen (1976).
1945–1949	Studium der Volkswirtschaft an der Universität Hamburg.		
1946	Eintritt in die SPD und Gründungsmitglied des SDS.		
1947/48	Vorsitzender des SDS.		
1949–1953	zunächst Referent, dann Leiter der wirtschaftspolitischen Abteilung des Wirtschafts- und Verkehrsamtes der Stadt Hamburg.	15.12.1976	Wiederwahl zum Bundeskanzler. Heftige öffentliche Diskussion über die Rentenfinanzierung; Höhepunkt des Terrorismus (1977/78 Terrorismusgesetze); Kernenergiepolitik und Nachrüstung (1979 NATO-Doppelbeschluß in Differenz zum linken Parteiflügel); Ende der siebziger Jahre schwierige Wirtschafts- und Finanzlage; 1978 Radikalenerlaß; 1980 fordert Schmidt Sowjetunion zum Abzug aus Afghanistan auf; höchstes Renommée im Ausland.
Ab 1952	Verkehrsdezernent.		
1953–1962	Mitglied des Bundestages für die SPD.		
1957	Mitglied des Fraktionsvorstandes der SPD. Erwarb sich in der Folgezeit einen Ruf als glänzender Redner.		
1958	Gegner einer atomaren Bewaffnung der Bundesrepublik Deutschland. Mitglied des Bundesvorstandes der SPD.		
		5.11.1980	Wiederwahl zum Bundeskanzler.
1961–1965	Innensenator Hamburg. 1962 legt Schmidt sein Bundestagsmandat nieder.	1982	Münchner Parteitag: Schmidt beharrt darauf, seine Richtlinienkompetenz als Kanzler auch gegenüber seiner Partei in Anspruch nehmen zu können.
1962	Während einer Hamburger Überschwemmungskatastrophe profiliert er sich als »Krisenmanager«	5.2.1982	Schmidt stellt mit Erfolg die Vertrauensfrage im Bundestag.
1965	wieder Mitglied des Bundestages und stellvertretender Fraktionsvorsitzender der SPD-Bundestagsfraktion.	17.9.1982	Ende der SPD/FDP-Koalition.
		1.10.1982	Helmut Schmidt als Bundeskanzler abgewählt: FDP- und CDU/CSU-Fraktion wählen in einem konstruktiven Mißtrauensvotum Helmut Kohl zum neuen Bundeskanzler.
1966	Amtierender Fraktionsvorsitzender der SPD.		
1967	Mitglied des SPD-Präsidiums.		
1968	stellvertretender Vorsitzender der SPD (bis 1983).		
1969–1972	Als Bundesverteidigungsminister verstärkt Schmidt das demokratische Prinzip des »Staatsbürgers in Uniform«. Als Folge davon wurden zahlreiche Führungskräfte der Bundeswehr ausgewechselt.	Seit 1983	Mitherausgeber der Wochenzeitung »Die Zeit«, ab 1985 auch in deren Geschäftsführung tätig. In der Folgezeit wichtige internationale Redner- und Beratertätigkeit.
1969	Atomwaffensperrvertrag wird unterzeichnet.	1987	Schmidt legt sein Bundestagsmandat nieder.

HELMUT KOHL
*3.4.1930 in Ludwigshafen

	Oberrealschule Ludwigshafen, mit Abitur 1950.
1946	Mitbegründer der Jungen Union Ludwigshafen, später Vorsitzender ihres Kreisverbandes.
1947	Eintritt in die CDU.
1950	Studium der Geschichte, Rechts- und Sozialwissenschaften in Heidelberg und Frankfurt.
1953	Mitglied des Geschäftsführenden Vorstandes der CDU der Pfalz.
1954–1961	stellvertretender Landesvorsitzender der Jungen Union Rheinland-Pfalz.
1955	Mitglied im CDU-Landesvorstand.
1958	Promotion; anschließend kaufmännischer Angestellter in einer Eisengießerei, dann Referent des »Industrieverbandes Chemie« in Ludwigshafen.
1959	jüngster Abgeordneter im rheinland-pfälzischen Landtag. MdL bis 1976.
1960–1966	Mitglied des Stadtrates seiner Heimatstadt Ludwigshafen.
1961–1963	stellvertretender Fraktionsvorsitzender im Landtag.
1963–1969	Fraktionsvorsitzender.
1964	Mitglied des Bundesvorstandes der CDU.
1966	Vorsitzender der rheinland-pfälzischen CDU.
1969–1976	Mit nur 39 Jahren Ministerpräsident in Rheinland-Pfalz.
1969–1973	stellvertretender Bundesvorsitzender der CDU und Leiter der Parteiprogramm-Kommission.
1971	Bei den rheinland-pfälzischen Landtagswahlen gewinnt die CDU unter Kohl die absolute Mehrheit.
1973	Bundesvorsitzender der CDU und ab 1974 zahlreiche Auslandsreisen (VR China, UdSSR, USA, Rumänien, Bulgarien, Jugoslawien, England).
1976	Kanzlerkandidatur; Aufgabe des Ministerpräsidentenamts; Mitglied des Bundestages; Fraktionsvorsitzender. Während des Wahlkampfes 1976 stand die Rententhematik im Vordergrund. Franz Josef Strauß erklärt nach der Wahl, mit der CSU eine vierte Partei bilden zu wollen (Kreuther Beschluß). Nach Verhandlungen mit der CDU macht Strauß einen Rückzieher.
1977	Kohl als CDU-Vorsitzender wiedergewählt.
1979	Franz Josef Strauß wird Kanzlerkandidat.
1980	Franz Josef Strauß erlebt als Kanzlerkandidat Wahlniederlage und zieht sich nach München zurück.
1981	Kohl erneut zum Parteivorsitzenden gewählt.
1.10.1982	mit Unterstützung der FDP zum Kanzler gewählt.
6.3.1983	wird die von Kohl geführte Bundesregierung bei der Bundestagswahl bestätigt; NATO-Doppelbeschluß wird parlamentarisch durchgesetzt. Unter der Regierung Kohl erreicht die Bundesrepublik Deutschland Preisstabilität, kämpft jedoch mit steigender Arbeitslosigkeit.
1983	Milliardenkredit an die DDR.
1985	Nach Zeiten der Kritik an der Regierungsarbeit festigt Kohl seine Stellung in der Partei durch seine Wiederwahl als Bundesvorsitzender.
11.3.1987	wird Helmut Kohl bei der Wahl im Februar wieder vom Bundestag zum Bundeskanzler gewählt.
1988	Nach harten Verhandlungen gelingt es Kohl als Präsident des Europäischen Rates den sogenannten Brüssler Kompromiß in Agrarfragen zu erzielen, durch den eine längerfristige europäische Agrarpolitik möglich wird.

ZUR DOKUMENTATION

Meine verschiedenen Deutschlandbücher enthielten alle systematische und wertende Bibliographien:
Die Bonner Demokratie. Düsseldorf: K. Rauch 1960, S. 471–514
Die Bundesrepublik Deutschland. Tübingen: R. Wunderlich 1967, S. 89–144
Geschichte Deutschlands seit 1945. München: dtv 1974, S. 526–553 der Ausgaben 1979/1987
Das Deutschland im Westen. München: Hanser 1985, S. 348–380 (und dtv 1988, S. 366–397)

Die Bücher, die mir für diesen Essay am meisten geholfen haben, sind:
SCHWARZ, Hans-Peter: Adenauer. I. Der Aufstieg 1876–1952. Stuttgart: DVA 1986, 1021 S. (trotz einiger Voreingenommenheiten und Verzerrungen)
KOERFER, Daniel: Kampf ums Kanzleramt. Erhard und Adenauer. Stuttgart: DVA 1987, 894 S. (vorbildlich in Information, Analyse und Sachlichkeit)
Begegnungen mit Kurt Georg Kiesinger. Festgabe zum 80. Geburtstag, hg. von Dieter Oberndörfer. Stuttgart: DVA 1984, 496 S. (erstaunlich, daß ein Ehrungswerk dieser Art so viel bringt!)
LEHMANN, Hans Georg: In Acht und Bann. Politische Emigration, NS-Ausbürgerung und Wiedergutmachung am Beispiel Willy Brandts. München: C. H. Beck, 385 S. (wohltuend ausgeglichen und mit viel neuer Information)
BARING, Arnulf: Machtwechsel. Die Ära Brandt/Scheel. Stuttgart: DVA 1982, 831 S. (mit leider einiger Schwarz-[Wehner, Schmidt]/ Weiß-[Brandt]Malerei)

Darüber hinaus die sechs vorzüglich dokumentierten, aufgebauten und illustrierten Bände der großen Geschichte der Bundesrepublik Deutschland, hg. von Karl Dietrich Bracher, Theodor Eschenburg, Joachim Fest und Eberhard Jäckel. Stuttgart: DVA und Mannheim: F. A. Brockhaus, 1983–1987.

Alfred Grosser

QUELLEN DER ZITATE

Seite 12: Konrad Adenauer: Erinnerungen 1945–1953. Zitiert nach: Klaus Otto Skibowski (Hg.): Adenauer – Maximen für die Gegenwart. Rat und Mahnung des ersten deutschen Bundeskanzlers. Stuttgart: Sewald 1974. S. 45 f.

Seite 14: Anneliese Poppinga: Meine Erinnerungen an Konrad Adenauer. Stuttgart: Deutsche Verlags-Anstalt 1976. S. 130

Seite 35: Rede vor der Bundestagswahl 1953, Stenogramm. Zitiert nach: Skibowski, S. 50

Seite 39: 1948. Archiv der Ludwig-Erhard-Stiftung, Bonn.

Seite 46: Schreiben an die Oberprima des Martin-Butzer-Gymnasiums in Dierdorf, 1. 3. 1961. Archiv der Ludwig-Erhard-Stiftung, Bonn.

Seite 52: Rede auf der Bundestagung des Evangelischen Arbeitskreises der CDU/CSU, Stuttgart 9. 3. 1968. Zitiert nach: Kurt Georg Kiesinger: Die Große Koalition 1966–1969. Reden und Erklärungen des Bundeskanzlers. Hg. v. Dieter Oberndörfer. Stuttgart: Deutsche Verlags-Anstalt 1979, S. 147

Seite 54: Informationsgespräch mit sowjetischen Journalisten, Bonn 17. 3. 1967. Zitiert nach: Kiesinger, S. 45

Seite 66: Willy Brandt: Begegnungen und Einsichten, Die Jahre 1960–1975. Hamburg: Hoffmann und Campe 1976, S. 525

Seite 69: Willy Brandt: Der organisierte Wahnsinn. Wettrüsten und Welthunger. Köln: Kiepenheuer und Witsch 1985, S. 222

Seite 90: Rede zum »Tag des Buches« am 10. 5. 1981 in Mainz. Zitiert nach: Helmut Schmidt: Ausgewählte Texte. München: Goldmann 1988, S. 203

Seite 98: Helmut Schmidt: Zwischen Freiheit und Ordnung. In: Lutherische Monatshefte November 1972. Zitiert nach: Schmidt, S. 111

Seite 112: Rede vor dem Deutschen Städtetag, 14. 6. 1983 in Frankfurt. Zitiert nach: Bundeskanzler Helmut Kohl. Reden 1982–1984. Reihe Berichte und Dokumentationen. Bonn: Presse- und Informationsamt der Bundesregierung 1984. S. 206

Seite 115: Rede vor dem Deutschen Städtetag, 14. 6. 1983 in Frankfurt. Zitiert nach: Bundeskanzler Helmut Kohl, S. 200

Copyright 1989 by Gustav Lübbe Verlag, GmbH,
Bergisch Gladbach

Dieses Buch wurde bei der Fotosatz Böhm GmbH in Köln
aus der ITC Novarese Buch gesetzt.
Die Reproduktion der Schwarzweiß-Abbildungen in Duplexmanier
führte die O.R.T. Kirchner + Graser GmbH & Co. in Berlin aus.
Den Druck und den Einband besorgte
die Universitätsdruckerei H. Stürtz AG in Würzburg.
Das holzfreie weiße, doppelt matt gestrichene Offsetpapier
mit leicht geglätteter Oberfläche
lieferte die Feinpapiergroßhandlung Hartmann & Mittler in Augsburg.
Der Einband erfolgte in Regentleinen
der Gustav Ernstmeier GmbH & Co. KG in Herford.

Alle Rechte vorbehalten. Printed in West Germany.
ISBN 3-7857-0537-9